医療的ケア児の命をつなぐ

金沢貴保
KANAZAWA TAKAMORI

幻冬舎MC

医療的ケア児の命をつなぐ

はじめに

２０１８年10月、長野県で２５８グラムの男児が誕生しました。出生後、男児は数カ月間の入院生活を経て無事に退院し、当時としては元気に退院する男児の世界最小記録だと報道されました（朝日新聞ＤＩＧＩＴＡＬ、２０１９年４月19日付）。厚生労働省は正出生体重児を２５００グラム以上４０００グラム未満と定めていますから、２５８グラムといえば普通の赤ちゃんの10分の１の大きさとなります。かつてであればとても助からなかったような超低出生体重児が、今は医療の進歩に伴い助かるようになってきています。

また、低出生体重児に限らず、先天性疾患や先天性異常をもつ赤ちゃんの救命率も上がっています。例えば左心低形成症候群という先天性の心臓病は、数十年前まではほとんど助からない難病でした。しかし今では生まれてすぐに手術をすることで、多くの赤ちゃんが救命できるようになっています。

しかし、小児医療の世界にはこうした救命率の向上という輝かしい「光」がある一方で、その裏側には大きな社会問題ともいえる「影」が存在します。それは救命された赤ちゃんの大半が、その後もなんらかの医療的ケアを必要としながら人生を過ごしているということです。このように無事に生まれてきても新生児集中治療室（ＮＩＣＵ）などに長期入院したのち、引き続き人工呼吸器や胃ろうなどを使用し、痰《たん》の吸引や経管栄養などの医療的ケアが日常的に必要となる子どものことを「医療的ケア児」と呼びます。

近年、医療的ケア児の数は増加していて、２００５年には９９８７人だったものが２０２１年には2万１８０人と約2倍になっています（厚生労働省「医療的ケア児支援センター等の状況について」）。その半面、増え続ける医療的ケア児を受け入れる施設は不十分で、家族が大きな犠牲を払いながら24時間３６５日体制でケアをしなければならないのが現状です。

私は小児科医として、病気や障がいがある小児を対象に小児集中治療室（ＰＩＣＵ）で重篤患者の救命治療に携わってきました。目の前の命に向き合う仕事はやりがいがあり、医師としての使命感をもっていましたが、命を救ったとしても医療的ケア児として人生を過ごしていくことになる子どもが増えてしまうというジレンマも抱えていました。医療的ケア児は後遺症を抱えて一生を過ごさなければなりません。またその保護者には在宅介護が重くのしかかります。子どもや保護者がそんな人生を背負うなか、自分は命さえ救えばその後の人生には責任を負わなくてもいいのだろうか……。

私は救命の第一線で活躍しながらも悩み続け、そうした現状を打開したいと考え、医療的ケア児が安心して生活でき、家族の負担を少しでも減らせる施設を開設することにしたのです。

私が施設を開設するにあたって第一に考えたのは、子どもたちやその保護者が地域で不自由なく生活できる環境を提供することです。そのため医療的ケア児が退院後に病状を確認する診療所だけでなく、「医療型児童発達支援」や就学後の療育支援などを行う「放課後等デイサービス」、保護者の悩みに寄り添う「相談支援事業所」の3つをセンター化しました。この医療的ケア児を丸ごとサポートする多機能型児童発達支援センターによって、重症度にかかわらず子どもたちがケアを受けることができ、保護者も自由に仕事ができる日常を取り戻すことができたのです。

昨今、少しずつ医療的ケア児という言葉が社会の中でも聞かれるようになってきました。しかしまだまだ、医療的ケア児とその家族がどのような暮らしをしていて、どれほどの困難を抱えているのか実態は知られていません。そこで本書では、医療的ケア児と家族が抱える課題、それに対する私の取り組みをまとめることで、多くの医療従事者や一般の人に問題意識を共有してほしいと願っています。

難病や障がいを抱える子どもをもつ家族が、もっと希望をもてるような社会を作る一助になれば、著者としてこれ以上うれしいことはありません。

目次

第2章　医療的ケア児を支援する施設が見つからない
選択肢がなく子どもの介護に疲弊する保護者たち

第3章　重症度を問わず受け入れができる施設をつくりたい――医療的ケア児が通所できる多機能型児童発達支援センター設立に挑む

第4章　本来受けるべき保育や教育を提供するために――
発達支援と医療の連携が子どもの未来をサポート

第5章 子どもの親にも寄り添う場所でありたい——地域との連携を強化した相談事業所で保護者の負担を軽減

第6章 医療的ケア児の居場所を提供し続ける——
安心して子どもが生活できる地域医療の確立を目指して

第1章

小児医療の光と影

救えた命の数だけ医療的ケア児は増加している

出生数は減少傾向だが低出生体重児は増えている

近年、新生児医療の進歩は目覚ましく、かつては命を救うのが困難だった低出生体重児を助けられるようになってきました。低出生体重児とは2500グラム未満で生まれた子どものことです。そのほか2500グラム以上4000グラム未満は正出生体重児と呼ばれ、4000グラム以上は高出生体重児と呼ばれます。また、低出生体重児のなかでも、1500グラム未満は極低出生体重児、1000グラム未満は超低出生体重児とされています。

日本では出生数全体は減少傾向にありますが、出生数に占める低出生体重児の割合は増えています。1980年には生まれる子ども全体のなかで低出生体重児は5・2%だったものが、2005年には9・5%にまで増加しました。それ以降も9%強が続いています。

人数で見ると、1500グラム未満の子どもは1980年の約6000人から2000年に約8000人となり、その後横ばいです。2017年では500グラム未満が285人、500～1000グラム未満が2375人、1000～1500グラム未満が4243人、1500～2000グラム未満が1万1301人、2000～2500グラム未満が7万1149人でした（みずほ情報総研「低出生体重児保健指導マニュアル」）。

図1　出生体重別出生数：人口動態統計

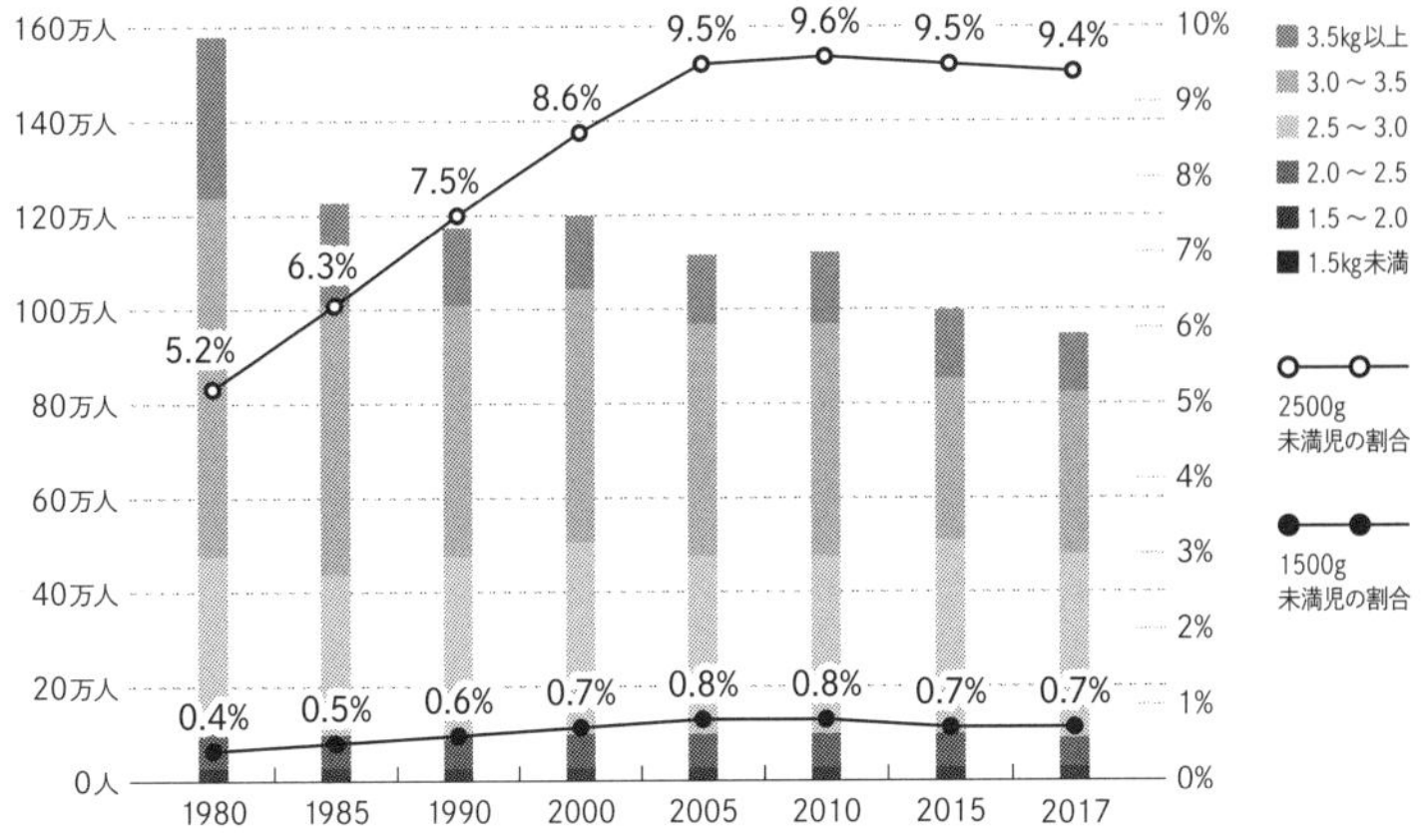

出典：みずほ情報総研「低出生体重児保健指導マニュアル」

低出生体重児が生まれる原因はさまざまです。例えば母体側に妊娠高血圧症候群や子どもがおなかにいる間に胎盤が子宮から離れてしまう常位胎盤早期剥離、陣痛などが始まるより前に子宮頸管が開いてしまう子宮頸管無力症、胎盤が子どもの出口である内子宮口を塞《ふさ》いでしまう前置胎盤、絨毛《じゅうもう》膜や羊膜などに感染が起こる絨毛膜羊膜炎など、母胎になんらかの異常が起こった場合は、母親と子どものリスクを減らすため、早く分娩せざるを得ないことがあります。

あるいは、双子などの多胎妊娠では小さく早く生まれるなど、子どもに原因があって早産になることもあります。また、羊水が過剰に多くなる羊水過多症、反対に羊水が少な過ぎる羊水過少症のほか、胎児が十分に子宮内で育たない胎児発育不全などの病気の場合も分娩を早めて治療することがよい場合などもあるのです。

りんご1個分の重さの子どもでも助かるようになった

低出生体重児の増加に伴い、小さく生まれても助かるようになってきました。５００グラム未満で生まれた子どもは、１９８５年には91・２％と9割以上が亡くなっていました（日本産科婦人科学会雑誌58巻9号「低出生体重児の長期予後」）。これに対して２００８〜２０１２年では、調査が異なるため５００グラム以下となりますが、死亡退院は39・８％と6割以上が助かるようになっています（みずほ情報総研「低出生体重児保健指導マニュアル」）。また、５００グラム以上の超低出生体重児の死亡率は41・２％と半数近く亡くなっていましたが、これも５０１〜７５０グラムでは死亡退院が15・４％、７５１グラム以上では格段に減少して死亡退院が10％以下と、9割以上が助かるようになりました。

諸外国と比べても、日本は群を抜いて新生児や乳幼児の救命率が高い国です。乳幼児の死亡率は、日本では乳幼児１０００人に対して約2人であるのに対して、アメリカでは5・9人、イギリスでは3・9人など、世界でもトップレベルで子どもが助かる国となっています（２０１８年厚生労働省「我が国の人口動態」）。

図2　出生体重別NICU死亡退院数・率

	出生体重					合計
	500g以下	501～750g	751～1000g	1001～1250g	1251～1500g	
死亡	392人	693人	281人	206人	228人	1,800人
	39.8%	15.4%	5.3%	3.4%	2.9%	7.3%
生存	594人	3,815人	5,010人	5,936人	7,631人	22,986人
	60.2%	84.6%	94.7%	96.6%	97.1%	92.7%
計	986人	4,508人	5,291人	6,142人	7,859人	24,786人
	100.0%	100.0%	100.0%	100.0%	100.0%	100.0%

（周産期母子医療センターネットワークデータベースに登録された
2008年-2012年出生の極低出生体重児と超低出生体重児より作成）

出典：みずほ情報総研「低出生体重児保健指導マニュアル」を改変

こうした医学の進歩を受けて、報道でも日本一小さな子どもや世界一小さな子どもらが無事に退院したというニュースが見られるようになりました。例えば２０１９年４月には、前年10月に生まれた体重２５８グラムの男の子が無事に退院できる見通しになったと報道されました。元気に退院した男児の出生児の体重としては、当時で世界最小とされています。２５８グラムといえば、りんご1個分程度の重さです。このように小さな子どもでも助かるようになったのはすばらしいことだといえます。

実際に、私自身の経験からしても低出生体重児がかつてより救命されるようになってきたと感じています。低出生体重児が助かるようになってきた背景には、小児医療などの進歩が背景にあります。例えば小児医療の進歩を示すことの一つに、新生児集中治療室（ＮＩＣＵ：Neonatal Intensive Care Unit）や小児集中治療室（ＰＩＣＵ：Pediatric Intensive Care Unit）の普及があります。

ＮＩＣＵとは、新生児のための集中治療室です。予定より早く生まれた子どもや低出生体重児、先天性疾患がある新生児が入る治療室で、ここでは24時間集中的な治療が行われます。ＮＩＣＵは新生児のための集中治療室であるのに対して、ＰＩＣＵは新生児以外の幅広い年齢・月齢の子どもに対して24時間の集中的な治療をする治療室です。ＰＩＣＵはＮＩＣＵに比べて歴史が浅いものの、近年は少しずつＰＩＣＵを開設する病院が増えてきました。これによって今まで以上に手厚く集中的に、小児医療が提供できるようになったのです。

私自身、小児科医として静岡県立こども病院に勤務し、ここでは新たにＰＩＣＵの立ち上げメンバーにも加わりました。仲間と一緒にＰＩＣＵを立ち上げてからは、ＰＩＣＵ所属の医師として多くの子どもの集中治療に関わってきました。ＰＩＣＵを開設して集中的に人員を配置したり、必要な医療機器をそろえたりすることによって、これまで以上に多くの子どもたちを救命できるようになったと感じています。

小児集中治療や小児救急医療の分野に関してもこの数十年で技術が格段に進歩しました。

私が小児集中治療で医師として働き始めた当時は、まだまだどうしても助けることができない子どもが多くいたと感じています。しかし、今では10年前だったら助けることはできなかっただろうというような子どもたちが救命できるようになってきました。これは実に喜ばしいことです。

画期的なワクチンの登場で重症の病気も減少へ

低出生体重児に限らず、先天性疾患や先天性異常をもつ子どもも助かるようになってきました。子どもの先天性疾患や先天性異常は心臓病や脳の病気、血管の病気、腸の病気、腎臓の病気など全身の臓器の病気に加えて、ダウン症や18トリソミー症候群などの染色体異常までさまざまです。特に生まれながらに心臓病をもつ子どもは多く、およそ100人に1人といわれています。こうした先天性疾患や先天性異常をもつ子どもも、医療の進歩によって救命されるようになってきました。

先天性疾患をもつ子どもが助かるようになった背景には、小児医療の進歩に加えて胎児診断の進歩もあります。昔は、生まれたあとに初めて子どもの病気が見つかりました。生まれたあとに呼吸がおかしかったりチアノーゼになって顔色が真っ青になっていたりしているのを見て、そこから急いで診断をして治療方法を検討するため、手遅れになって助からないことが多くあったのです。

これに対して、今は子どもがおなかのなかにいる間から病気を見つける胎児診断の技術が発達しました。そのため、心臓などに病気があることを分かったうえで出産に臨めるようになり、あらかじめリスクに備えて帝王切開にしたり、新生児科医などが生まれてすぐに治療できるように準備したりすることができるようになったのです。

同様に、ダウン症などの染色体異常の子どもでは、心臓病や消化器系などに合併症をもつことが多くあります。この場合も生まれてくる前からリスクに備えて、生まれてすぐにＮＩＣＵに入ったり、合併症の治療の準備をしたりできるようになりました。このような背景から先天性疾患や先天性異常がある子どもの救命率も大きく向上したのです。

また、ワクチンの開発によって、そもそも子どもが重篤な病気になるリスクも大きく減少しています。

ワクチンの進歩は、小児医療に大きなインパクトを与えました。特に近年、大きな影響があったのは、重篤な感染症を防ぐヒブ（Ｈｉｂ）ワクチンと肺炎球菌ワクチンです。ヒブワクチンとは、ヘモフィルスインフルエンザ菌ｂ型による感染症を防ぐワクチンです。ヘモフィルスインフルエンザ菌ｂ型は細菌で、冬場などに大流行するインフルエンザウイルスとはまったく別のものです。また、肺炎球菌ワクチンは、肺炎球菌という細菌による感染症を予防するワクチンです。

これらのワクチンは、非常に恐ろしい感染症である細菌性髄膜炎を予防します。細菌性髄膜炎とは、髄液にヘモフィルスインフルエンザ菌ｂ型や肺炎球菌が直接影響を及ぼすことで、中枢神経の異常や敗血症などを引き起こす感染症です。また、血液に乗って全身に細菌がばらまかれるため、心臓や肺、肝臓、腎臓など全身の臓器に障害を起こし、最悪の場合は死に至ることもあります。また、命が助かっても重い後遺症が残る病気でもあります。

私の感覚では、細菌性髄膜炎による敗血症性ショックで小児集中治療室に運ばれてきた子どものうち、10～15年くらい前ならば助けることができたのは約半数程度です。そして命を助けることができた子どもの7、8割には重い後遺症が出て、残りの2、3割にも軽度であったとしても何かしらの後遺症が出ていました。

つまり、細菌性髄膜炎はひとたび発症すると、後遺症も出さず無事に回復する子どもはほとんどいないような恐ろしい病気です。基礎疾患をもたない健常児がかかる病気としては、細菌性髄膜炎は間違いなく最重症に分類される病気の一つなのです。

恐ろしい病気ですが、ヒブワクチンと肺炎球菌ワクチンの登場によって劇的に状況は変わりました。細菌性髄膜炎の発症率が大幅に減少し、ほとんど見られない病気にまでなったのです。私たち小児医療に関わる者に、これらのワクチンの登場は大きなインパクトを与えました。

輝かしい医療の進歩の裏には影もある

どのようなことにも良い面とそうでない面の両面があるように、小児医療の進歩にも光があればその裏側には影もあるのです。

小児医療の進歩における影とは「命が助かる」といっても、必ずしも全身が健康な状態で助かるわけではないということです。低出生体重児では小さく生まれれば生まれるほど、生まれたあとにも継続してなんらかの医療行為が必要になるケースが少なくありません。また、生まれてすぐに先天性疾患の治療ができるようになったといっても、治療によって完全に健康になれるとは限らないのです。

小さく生まれた子どもが助かった、先天性疾患があったけれど無事に退院できたと聞くと多くの人が良かった、医療の進歩はすごいと感じると思います。しかし、退院したと聞いて、どのような状態で退院したのかを正確に理解する人はほとんどいません。

なかには運が良く、特別の医療行為を必要としない状態で退院できる子どももいるかもしれません。しかし実際には、無事に退院できたといっても健常児とは大きく異なり、生きるためには人工呼吸器や経管栄養、吸入、気管切開など多くの医療行為を必要とした状態で生きている子どもたちもたくさんいるのです。

体にはこれらの医療機器につながったチューブが装着されていて、成長しても歩くことはおろか寝たきりに近い状態で過ごさなければならない子どももいます。そして、これらの医療行為が一生涯続くことも珍しくはありません。

昔であれば助からないような子どもが助かるようになったことは大きな喜びである一方で、家族と本人にとっては大きな負担が生涯続くことでもあるのです。こうしたことをメディアが取り上げることは、ほとんどありません。

日常的に医療行為を必要とする「医療的ケア児」の増加

私たち小児医療の真実を知っている医療者は、小さく生まれた子どもが救命されたと喜ばしい面だけが報道される裏側に、負担の大きい医療行為を一生必要とする厳しい現実があることを誰よりもよく知っています。小さく生まれたり先天性疾患があったりする子どものなかには、救命できても気管切開を施し、人工呼吸器によるサポートがなければ一時たりとも生きていられない子どももいます。

あるいはミルクを飲むことができずに、鼻から管を入れて1日に何回にも分けて栄養を注入しなければならない子どももいます。健常児が成長とともに座ったりハイハイしたり、やがては歩きだすのに対して、こうした子どもたちは成長しても一生寝たきりになってしまうこともあります。

そうした24時間のケアが必要な子どもたちを、誰がケアしているかといえば、ほぼすべての負担を家族が背負っているのです。このように特別なケアが必要な子どもを育てている親たちは24時間３６５日気を緩めることができません。一瞬気を許した隙に、もしも人工呼吸器が外れたら、我が子の命に関わるからです。経管栄養にしても、万が一管が胃や腸ではなく気管に入ってしまったら、それがもとで窒息して命の危機につながる可能性すらあります。

また、寝たきりの子どもを育てていれば、家族で旅行に行ったり公園で遊んだり、きょうだいの学校行事に行ったり皆でレストランで食事をしたりといった、家族ならば当たり前のことすらすべてできなくなってしまうことも珍しくないのです。当然のことながらそのあとも、健常児が当然のように経験する、就学や就職といったことも経験できません。小さく生まれたことや先天性疾患などによって障がいを負った子どもたちは、一生涯誰かにケアしてもらわなければ生きていくことができないのが現状です。

私たちのような小児集中治療の現場を経験した医療者は、小さく生まれたり先天性疾患をもって生まれたりした子どもたちのその後を誰よりも多く見てきました。だからこそ、良い面ばかりではなくその裏にある真実からも目を背けずに、多くの人に知ってほしいと随分前から考えていたのです。

このように、小さく生まれたり先天性疾患をもったりしていても医療の進歩で命が助かり、生まれてからＮＩＣＵやＰＩＣＵなどに長く入院したあと、引き続き人工呼吸器や胃ろうなど、日常的に医療的ケアが必要になる子どものことを「医療的ケア児」と呼びます。

医療的ケア児が必要とする医療的ケアには、いくつかの種類があります。例えば自力で呼吸ができない子どもは人工呼吸器が必要になりますし、自分で痰を排出したり唾液を飲み込んだりできない子どもは口や鼻から痰などを吸い出す吸引という医療的ケアが必要になります。また、人工呼吸器などを装着している場合は、呼吸の状態をモニタリングするためのパルスオキシメーターなども必要になります。

呼吸を助ける医療的ケアでは、気管切開もあります。気管切開とは、呼吸をしやすくしたり痰の吸引をしやすくしたりするために、気管に穴を開けることです。気管切開することによって、肺に空気が行き渡りやすくなることが期待できます。また、痰を吸引するためにネブライザーという機械を使って、薬剤を吸入する医療的ケアもあります。

口からミルクやご飯を食べることができない子どもに対しては、経管栄養が必要になります。経管栄養の手法には胃ろう、腸ろう、経鼻胃管などの種類があります。胃ろうとは、おなかに小さな穴を開けてチューブを通し、そこからミキサーなどでドロドロにした栄養を直接胃に流し込む方法です。腸ろうも同様で、小腸に直接チューブで栄養を流し込みます。鼻腔からの経管栄養は、鼻から胃まで達する細いチューブを挿入し、そこから栄養を流し込むものです。

このほかにも、自力で排尿ができない子どもに対しては、尿道にチューブを入れて排尿する導尿が必要になることもあります。

ひと口に医療的ケア児といっても、その症状はさまざまです。歩ける医療的ケア児もいますし、自分の意思では体を動かすことができない子どももいます。重度の肢体不自由と重度の知的障害とが重複した、重症心身障がい児も多くいますし、子どもの難病といわれる小児慢性特定疾病の病気の子どもも多くいます。

全国の医療的ケア児は推計2万人！十数年で2倍に増加

近年、こうした医療的ケア児が増加しています。2005年には医療的ケア児は9987人でしたが、2021年には2万180人と倍増しました。つまり、先天性疾患があったり小さく生まれたりしても救命されて、その後は医療的ケアを受けながら命を長らえている子どもが増えているのです。

かつては助からなかったような子どもたちが救命されるようになったとはいっても、多くの場合は医療的ケアが必要になったり後遺症が出たり、障がいがあったりなどなんらかのサポートが必要な状態です。場合によっては医療的ケアが不要で歩き回れるようなケースもありますが、その場合でも自閉症や注意欠陥・多動性障害（ADHD）など、なんらかの発達障害などが出ることが大半です。

そのようなケースでは、命が助かった喜びがある半面、家族や子ども自身の負担も避けて通ることができません。医療的ケアが必要であってもそうでなくても、親にとってはかけがえのない子どもであり、子どもへの愛情は変わりありません。一方で医療的ケアがあることによっ

図3　在宅の医療的ケア児の推計値（0～19歳）

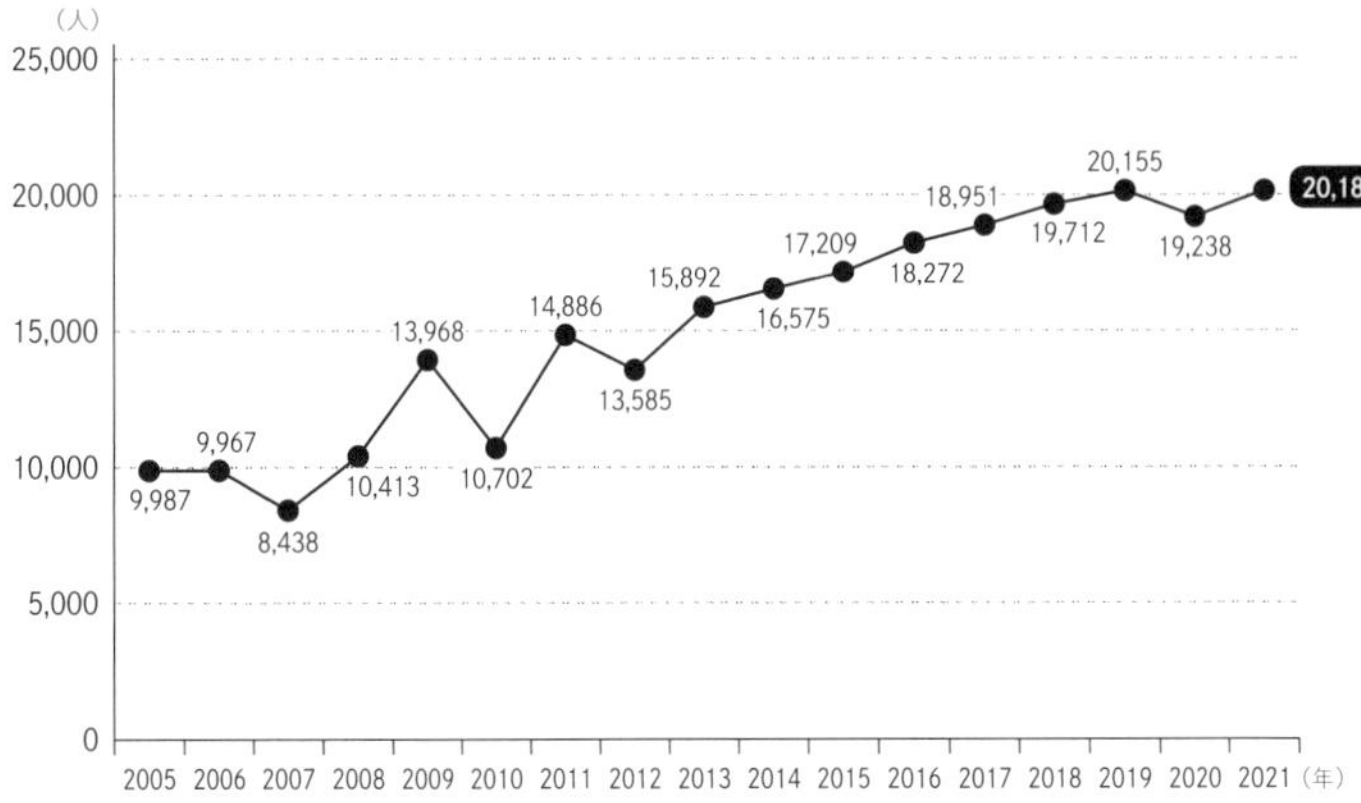

（厚生労働科学研究費補助金障害者政策総合研究事業「医療的ケア児に対する実態調査と医療・福祉・保健・教育等の連携に関する研究（田村班）」及び当該研究事業の協力のもと、社会医療診療行為別統計（各年6月審査分）により厚生労働省障害児・発達障害者支援室で作成）

出典：厚生労働省 社会・援護局 障害保健福祉部「医療的ケア児支援センター等の状況について」

て、肉体的や精神的、経済的な負担が発生することも事実です。つまり、昔よりも子どもが助かるようになったからといって、もろ手を挙げて喜ぶような状況とは限らないのです。

こうした現実は、私たち小児医療に関わる医療者にとっては当たり前の事実ですが、病気の子どもをもつ親たちや一般の人にはほとんど知られていないのが現状です。実は、私たち小児の急性期や集中治療に関わる医師にとっては、治療をしながらも最終的にその子どもがどのような状態になるのか、ある程度のめどを立てることができます。

どのような状態で生まれたのか、病気になってからどのくらいの日数が経っているのか、子どもの月齢や年齢はどれくらいか、治療の経過はどうなっているかなどさまざまな状況を見ながら、最終的に救命できた場合、どのような医療的ケアが必要かはほぼ分かります。人工呼吸器や気管切開が必要になるのか、そこまではしなくても済みそうか、あるいは経管栄養になりそうかなどの着地点が見えた状態で治療を行っているわけです。

ですから、治療をした結果救命できたとして、その後の生活がどのようになるかも予測ができます。例えば胃ろうなどの経管栄養だけであれば、それほど家族の負担は大きくないかもしれないなどと予測します。一方で気管切開をして人工呼吸器をつけなければ救命できないとなると、その子は退院後にどのような生活になるのだろうかと心配することもあります。

このように、医療の進歩に伴って小さく生まれたり病気をもって生まれたりしても、多くの子どもが助かるようになってきました。その一方で、長期の治療を経て退院した子どもたちがその後どのような生活を送っているかはほとんど知られていません。

報道では命が助かったという光の部分だけにスポットが当てられることが多くありますが、その裏には純粋に助かったことを喜ぶだけでは済まない現実もあることをぜひ多くの人に知ってほしいと思っています。

第2章
医療的ケア児を支援する施設が見つからない

選択肢がなく子どもの介護に疲弊する保護者たち

法改正で医療的ケア児が障がいのなかに明記される

医療の進歩によって多くの命が助かるようになり、医療的ケア児が増え続けるのに対して、医療的ケア児とその家族を支える体制は必ずしも整っていないという課題もあります。

しかしここ数年で、少しずつ社会全体で医療的ケア児とその家族を支えようとする動きが芽生え始めています。

例えば制度面では、2016年に「障害者の日常生活及び社会生活を総合的に支援するための法律及び児童福祉法の一部を改正する法律（障害者総合支援法）」が施行されました。これによって「医療的ケア児」が「身体」「知的」「精神」「発達障害」に続く障害として、初めて法律に明記されたのです。これは、医療的ケア児を取り巻く状況を大きく変える出来事となりました。なぜなら、障がいのある人は障がいの度合いに応じたさまざまな社会的支援を受けることができますが、医療的ケア児もそうした社会的支援の対象であることが明確になったからです。

さらに2021年9月18日に「医療的ケア児及びその家族に対する支援に関する法律（医療的ケア児支援法）」が施行されました。この法律は、医療的ケア児が増加しており、医療的ケア児が適切に社会的支援を受けられるようにすることが重要な課題になっていることを受けて、新たに設けられた法律です。

立法の目的は、一つには医療的ケア児の健やかな成長を図るとともに、家族の離職を防止することです。これは、24時間365日ケアが必要な医療的ケア児を抱える家族は、子どものケアのために離職を余儀なくされている現状を受けたものです。

そしてもう一つの目的は、安心して子どもを産み、育てることができる社会を実現することです。すべての出産にはリスクが伴い、どの子が医療的ケア児になるかなど誰にも分かりません。だからこそ法律によって、誰もが安心して子どもを産んで育てられる社会を作ることが重要になっているのです。

医療的ケア児をサポートする自治体や学校がすべきこと

こうした目的の下に、医療的ケア児支援法は次のような基本理念を掲げています。

○医療的ケア児の日常生活・社会生活を社会全体で支援
○個々の医療的ケア児の状況に応じ、切れ目なく行われる支援
○医療的ケア児でなくなった後にも配慮した支援
○医療的ケア児と保護者の意思を最大限に尊重した施策
○居住地域にかかわらず等しく適切な支援を受けられる施策

この基本理念に沿って、国や地方公共団体が行うべきことや保育所の設置者、学校の設置者などが行うべきことも定めています。

国や地方公共団体に対しては、医療的ケア児が在籍する保育所や学校への支援、医療的ケア児や家族の日常生活の支援、相談体制の整備、情報共有の促進、広報啓発、支援を行う人材の確保、研究開発の促進などを求めています。

保育所に対しては、看護師や喀痰《かくたん》吸引ができる保育士の配置など、保育所における医療的ケアその他の支援を求めています。学校に対しても同様に、看護師の配置など学校における医療的ケアその他の支援を求めました。なお、国や地方公共団体が行うべき責務に加えて、保育所や学校に対する責務も盛り込んでいるのは、医療的ケア児を受け入れる保育所や学校が少ないことや、受け入れるとしても保護者に学校での常駐を求めるなど、大きな負担を強いている現状があるからです。

医療的ケア児は、安全に医療行為をするための体制が整っていなかったり、学校や保育所側が人手不足だったりするなどさまざまな理由から、集団生活や就学の機会を奪われてしまっている現状があります。子どもはある程度の年齢になったら、親だけではなく同年齢の子どもたちと一緒に集団生活を経験する必要があります。同様に、学校へ行って家庭だけでは学べないことを学ぶ権利があるのです。これは、健常児であっても医療的ケア児であっても変わりません。医療的ケア児支援法では、子どもならば当たり前の経験を医療的ケア児もできるような体制整備を求めているのです。

また、これらに加えて、自治体ごとに「医療的ケア児支援センター」を設置することも法律には盛り込まれました。医療的ケア児支援センターは、都道府県知事が直接運営したり、社会福祉法人などを指定して運営したりする、医療的ケア児に関するワンストップの相談窓口です。

ここでは、医療的ケア児と家族の相談に応じたり、情報の提供をしてアドバイスをしたりするなどの支援が求められています。さらには医療や保健、福祉、教育、労働などの関係機関への情報提供や研修も、医療的ケア児支援センターが行うべき役割です。

なぜ、こうしたセンターが必要かといえば、現状では医療的ケア児を支える家族が安心してなんでも相談できる場所があまりに少ないからです。医療的ケア児には、例えば介護保険におけるケアマネジャーのような存在がありません。小児在宅医療のコーディネーター役としては相談支援専門員がいますが、増加する医療的ケア児に対して数が足りず、一人ひとりにきめ細かい支援をするのが難しい現状があります。また、相談支援専門員は必ずしも医療資格をもっているわけではないため、医療的知識が必要な相談には乗りにくいという課題もあります。そのため、医療的ケア児支援センターのような組織を作り、医療的ケア児と家族が抱える問題を横断的にサポートすることが求められているのです。

障害者総合支援法や医療的ケア児支援法などの成立を受けて、文部科学省が医療的ケア児を受け入れるための資料「小学校等における医療的ケア実施支援資料」を取りまとめました。支援資料では教職員に向けて、さまざまな情報提供が行われています。

例えば、学校における医療的ケア児のケアは誰が担うのか、医師や看護師、保健師、介護福祉士、一定の研修を受けた認定特定行為業務従事者などそれぞれの職種ができる行為や、主治医などとの連携などについても解説しています。さらに喀痰吸引や人工呼吸器、経管栄養などについて図解したうえで、これらの医療的ケアを行っている子どもを教育する際に、教職員が気をつけるべきことなどが具体的にまとめられています。

医療の進歩で医療的ケア児が退院できるようになってきた

法改正をはじめとした制度面の変化は非常に歓迎すべきことです。しかし、法律が作られてから約3年が経過しましたが、まだまだ取り組みは十分ではありませんし、社会から取り残されている医療的ケア児とその家族は依然多いのが現状です。

かつて医療的ケア児はほとんど病院から出ることがなく、何年も入院したままで過ごすことが珍しくありませんでした。しかし、今は在宅医療や訪問看護、訪問リハビリテーションなどのサービスが普及してきたことと、在宅で使える医療機器が進化したことなどによって、退院できるようになったのです。

例えば、今から20年以上も前であれば、人工呼吸器をつけて家に帰ろうとすれば、冷蔵庫ほどの大きさもある在宅用の人工呼吸器を自宅に用意しなければなりませんでした。ところが今は在宅で使う人工呼吸器はわずか数キロ程度のタイプが開発されて、片手で持ち運ぶことが可能です。

生まれつき腸が非常に短い病気の子どもは、以前であれば退院することはできませんでした。しかし今では、中心静脈カテーテルなどを入れて高カロリー輸液を投与することで、退院して自宅で過ごすこともできるようになってきました。

糖尿病に関する医療機器も目覚ましい発展を遂げています。例えば体に装着することで血糖値をいつでも測れるような装置が開発されていて、糖尿病の子どもに装着させると親のスマートフォンでいつでも血糖値を確認できるようにもなりました。これを使えば血糖値に異常が起こってもすぐに気づくことができるので、安心して生活することが可能です。

このほかにも、かつてであれば自力で咳をして痰を排出することができない子どもは退院できませんでした。ところが、今では咳をすることを助けるカフアシストという機械があって咳をサポートしてくれます。これも在宅用の機械があり、人工呼吸器を使うときはカフアシストを併用することによって自宅で生活できるようになったのです。

かつては退院できずに20年以上入院し続けることも

医療の進歩が目覚ましい分野としては、心臓手術も挙げられます。例えば心臓病のなかでも重篤な病気の一つに心臓の左心室が生まれつき機能していない左心低形成症候群があります。この病気の子どもは、今から30年ほど前であればほとんど助かることはありませんでした。しかし、今は手術の技術が向上し、ほとんどの子どもが助かるようになりました。そのような子どもは仮に救命できたとしても術後の合併症などで医療的ケアが必要になるケースが多く、在宅医療の環境が整わない時代であれば退院できずに何年も病院で過ごすこともあったのです。

私が各地の病院で小児科医として働くなかで経験した、極めて珍しい難病に脊髄性筋萎縮症、別名ウェルドニッヒ・ホフマン病という病気があります。この病気は生まれつき筋肉や骨に異常があり、将来的には呼吸が苦しくなり、気管切開や人工呼吸器のサポートが必要になる難病です。私がある病院で経験したこの病気の患者は、退院することができずに人工呼吸器を装着した状態で、その病院に20年以上も入院していました。

今の診療報酬体系では、長く入院するとどんどん診療報酬は下がっていってしまいますから、病院としてはその患者を入院させておくことは経営上のデメリットになります。しかし、在宅医療の環境が整っていなければ、退院させることはすなわち命の危険につながりますから、病院としてもどうすることもできないのです。

仮に高齢者であれば、病院での治療が終わって自宅で療養できない場合、特別養護老人ホームなどの受け皿があります。しかし小児に対してこのような受け皿はありませんから、もはやできる治療がなくなってもその後何年も入院せざるを得ないことが出てきてしまうのです。私が遭遇したこのケースは決して珍しくはなく、同様のケースは全国にもあるのではないかと考えています。

このようにかつては医療的ケア児が病院に年単位で、長期入院することが珍しくありませんでした。しかし今は、医療技術・医療機器の進歩、あるいは訪問診療や訪問看護などの制度が整ったことで、かつてであれば病院でしか暮らせないような子どもがどんどん退院できるようになりました。

退院後の医療的ケアは誰が担うのか？

人工呼吸器などのデバイスを駆使すれば生命維持をすることはかなりできるようになった一方で、人工呼吸器やその他のチューブなどを全身につけたまま維持した場合、退院後は誰がその医療機器を管理するのかという問題があります。

医療機器が24時間３６５日動いていなければ、生命維持をすることができない子どもの場合、家族はつきっきりで医療機器の管理と併せて子どものケアをしなければならないからです。それはあまりに家族にとって負担が大きいことですし、非常に大きな問題です。

そのためＰＩＣＵのような小児の集中治療を担う医師たちは、救命をしたあとに自宅へ戻って、子どもと家族の生活は果たして成り立つのかというところまで考えなければなりません。

サポートできるマンパワーがあるのかないのか、経済面はどうか、生活環境や住環境はどうかなど、さまざまな面を考えて、どの程度の医療的ケアならば家族でも対応可能かを考えなければならないのです。

例えば、ひとり親の家庭でその親が働かなければ生活が成り立たない場合、24時間対応が必要な医療的ケアをすることは困難です。あるいはすでに家族に病人や介護が必要な人がいる場合も、その家族にとって対応可能な医療的ケアは限られてくることがあります。このほか部屋にスペースがなければ、大がかりな医療機器を設置することもできません。反対に、祖父母も含めて複数の人間がサポートできる環境ならば、少々手の掛かる医療的ケアであっても対応可能かもしれないなどと考える必要があります。

本来であれば、このようなことを考えずにどの子どもに対しても可能な限り最大限の医療機器を使って救命や延命を行うのが理想です。しかし、現実的に退院後の生活が成り立つかまでを考慮しなければ、その先には非常に苦難を強いられる生活が待っているかもしれないのです。子どもを支えるどころか親自身の生活も破綻してしまい、最悪のケースでは育児放棄のようなことになってしまう可能性もあるからです。

トイレに入る時間すらままならない親が約4割！

退院できるようになった医療的ケア児の退院後の医療や生活をサポートしてくれる施設はほとんどありません。通常であれば、未就学児の頃は保育所や幼稚園に通い、就学年齢に達したら学校に通うはずです。あるいは病児保育などもあり、親が働いていて子どもが熱を出したときなど、保育所に預けられなければ病児保育で見てもらうことも可能です。このような施設があるからこそ、子育てと仕事の両立が可能になっているわけですし、子ども自身も家族だけではなく集団生活を経験して成長していくのです。

一方で、医療的ケア児は健常児に比べてより一層育てるのに手が掛かるわけですから、本来ならばより手厚いサポートがあるべきです。しかし実際にはそうしたサポートがなく、家族が孤独のなかで自分自身の生活や健康を犠牲にしながらずっとつききりでケアせざるを得ないのが現状なのです。

実際に、厚生労働省がまとめた「医療的ケア児者とその家族の生活実態調査報告書」では、退院後にサポートしてくれる場所がなく悩んでいる声が寄せられています。例えば「医療的ケアを必要とする子どものそばからひと時も離れられない、トイレに入ることにも不安がつきまとう」と、トイレに入る時間すらままならない親は38％に上ります。

7割が慢性的な睡眠不足、過酷な医療的ケア児の親たち

また「慢性的な睡眠不足である」(71・1%)、「いつまで続くかわからない日々に強い不安を感じる」(70・4%)、「自らの体調悪化時に医療機関を受診できない」(69・7%)、「日々の生活は、緊張の連続である」(68・0%)など、医療的ケア児を育てる親の多くが睡眠不足や強い不安と闘いながらケアをしていることも分かります。

別の調査によれば家族の平均睡眠時間は、18歳未満の障がい児をケアする家族は「5時間以上6時間未満」が41%と最も多くなっていましたが、「4時間以上5時間未満」(15%)、「3時間以上4時間未満」(10%)も一定数いることが分かります。18歳以上の障がい者をケアする家族では「5時間以上6時間未満」が25%と最も多くなっていましたが、「4時間以上5時間未満」も21%と2割強を占めていました(東京都世田谷区「医療的ケアを要する障害児・者等に関する実態調査報告書」)。

医療的ケア児を育てる親が睡眠不足に陥る理由は、親が行う医療的ケアがなければ子どもの命が失われてしまうからです。健常児であっても新生児の期間には、親は子どもから一時も目を離すことができません。しかし、健常児が少しずつ成長とともに親の手を離れて一人でできることが増えてくるのに対して、医療的ケア児の場合は一生涯、親が目を離すことができない

図4　家族の抱える生活上の悩みや不安等

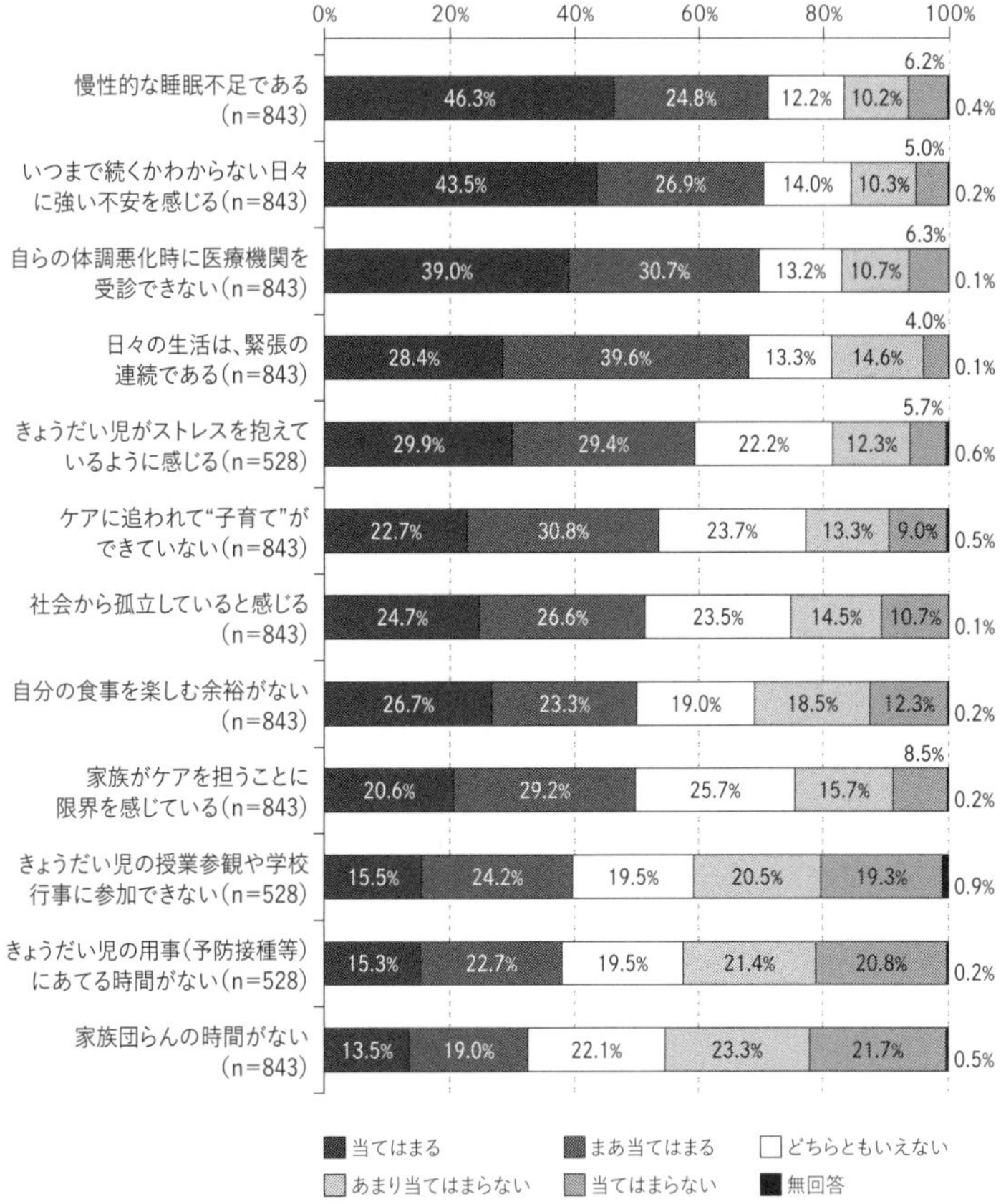

(注)「きょうだい児がストレスを抱えているように感じる」、「きょうだい児の授業参観や学校行事に参加できない」、「きょうだい児の用事(予防接種等)にあてる時間がない」は、同居家族にきょうだい児が含まれる人にのみ尋ねている。

出典：三菱UFJリサーチ&コンサルティング　厚生労働省 令和元年度障害者総合福祉推進事業
「医療的ケア児者とその家族の生活実態調査報告書」

状態が続くのです。

例えば健常児でも新生児の頃は、夜間も含めて1日6回など何度もミルクを与えなければなりません。これが医療的ケア児の場合は、同じく1日6回栄養注入が必要だとしても、1回あたりにかかる時間がまるで違います。例えば鼻から胃まで届く管を通して、ミルクなどが直接胃に届くようにする経管栄養では、1回あたりのミルクの注入で準備から片付けまで約2時間は必要です。一例を挙げるとすれば、経管栄養が必要な子どもでは、朝の7~9時、11~13時、15~17時、19~21時、0~2時、4~6時などのスケジュールで管からミルクをあげなければならない場合もあります。この場合、親はどうしても最大で3時間程度しかまとまった睡眠を取ることができないことが分かります。

経管栄養といっても、単に管からミルクや栄養を流すだけではありません。胃に入るはずのミルクが万が一、気管のほうに入ってしまえば誤嚥《ごえん》性肺炎や最悪の場合には窒息して命に関わることになりかねないため、絶えず細心の注意を払わなければならないのです。

また、当然のことながら家族が行う医療的ケアは経管栄養だけではありません。経管栄養をする間の時間にも痰の吸引をしたり入浴をさせたり、おむつを替えたりとやるべきことは山積みです。これを家事やほかのきょうだいの育児をしながらやらなければならないとしたら、いったいいつ親は自分の体を休めることができるのかと誰もが不思議に思うはずです。

実際に、医療的ケア児を育てる親の多くは自分が体調不良でも医療機関を受診できないと訴えています。

ミルクの注入など以外にも、医療的ケア児を育てる親は24時間365日、絶えず緊張した生活を強いられることがあります。医療的ケア児を育てる親は、子どもが成長してからも布団やベッドを並べて子どもの横で寝ていることがありますが、それは夜間であっても目を離すことができないからです。

たとえ寝ている間であっても、人工呼吸器など生命の維持に必要な装置になんらかのトラブルがあれば、アラームの音にすぐ気づいて飛び起きなければなりません。また、呼吸器の状態や血中酸素飽和度など命に関わる数値を絶えず気にかけておくことも求められます。このほかにも寝たきりの子どもの場合は自分で寝返りなどを打つことができないため、放っておけば皮膚の血流が滞って褥瘡《じょくそう》ができてしまいます。そうならないためには、夜間であっても数時間おきに体の向きを変える体位変換をしなければならないのです。

このように医療的ケア児を育てている家族は、絶えず命の危険と隣り合わせで日々を過ごしています。睡眠時間が短い状態が続けば、ケアする家族自身の健康を害することになりますし、ひいてはネグレクトなどにつながることも考えられます。しかも、医療的ケア児を育てる家族はこうした状況を何年も続けていかざるを得ないのです。

問題なく「美容院に行ける」「自分の健康診断に行ける」親はわずか十数％

さらに医療的ケア児を支える家族は、誰もが当たり前のように望むことすらかなえることができない現状もあります。例えば家族が日々行いたいことの上位は「家族一緒に外出や旅行する」「自分のための時間をもつ」「家中の掃除をする」「健康診断に行く」「美容院に行く」「きょうだい児だけと過ごす時間をもつ」などごく当然のことばかりで、いずれも90％を超えていました。

これに対して問題なく行えている割合は「美容院に行く」が17・4％、「家族一緒に外出や旅行する」が17・2％、「健康診断に行く」が11・4％、「きょうだい児だけと過ごす時間をもつ」が10・8％といずれも10～20％にとどまっていました。つまり、医療的ケア児を支える家族は美容院に行ったり自分の健康診断に行ったり、家中を掃除することすらままならないことが分かります。

調査では、父親と母親それぞれに自由記載で意見を聞いていますが、ここにも切実な声が並びます。以下は父親からの声の一例です。

「仕事から帰ってきても、介護に追われ、睡眠が十分に取れない。日中一人で見ている妻のことを考えると自分も休むわけにいかない。それぞれ疲弊して家の中が荒んでいる」

「自分が老いたとき、また自分の死後、我が子のケアに関する全般が心配」

「将来本人がどうなるのか見通せず、生活設計が立てられない」

「地元に一時預かりをしてくれる施設がなく、自分が病院に行く時間もない」

「ケアに関して母親の負担が重くなるため、母親の就労が継続できないのに入院・手術費などがかさみ、経済的負担が重い」

「バスの乗車拒否など公共交通機関を利用できないのに、福祉タクシーは非常に高い」

日々のケアを主に担っている母親からは、さらに切迫した声が聞こえてきます。以下は母親からの声のほんの一例です。

「睡眠時間がほとんどなく、連続で1時間以上睡眠できない。睡眠不足で頭がボーっとしている」

「毎日子どものケアにあたって、徐々に社会から孤立している感じがする」

「常にギリギリの状態で日々の生活をしている。年々、自分の体調が優れない日が増えている」

「医療的ケアがあるだけで、保育所や幼稚園などがどこも受け入れてくれない」

「学校に医療的ケアをできる看護師がいないため、登校から下校まで常に自分が学校に待機していなければならない」

「学校や通院のときの送迎の負担が大き過ぎる。夜通しのケアで寝不足や体調不良のときでも

図 5 家族以外の方に、医療的ケアを必要とする子どもを預けられるところがない（学校を除く）

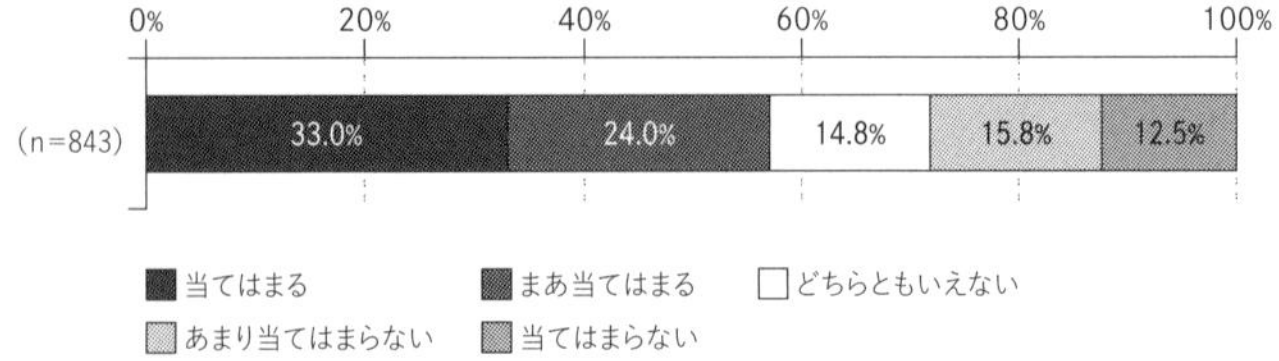

出典：三菱UFJリサーチ&コンサルティング　厚生労働省 令和元年度障害者総合福祉推進事業
「医療的ケア児者とその家族の生活実態調査報告書」

図 6 状況を改善するために必要なサービス

図 5「家族以外の方に、医療的ケアを必要とする子どもを預けられるところがない（学校を除く）」に「当てはまる」「まあ当てはまる」を回答した人、複数回答

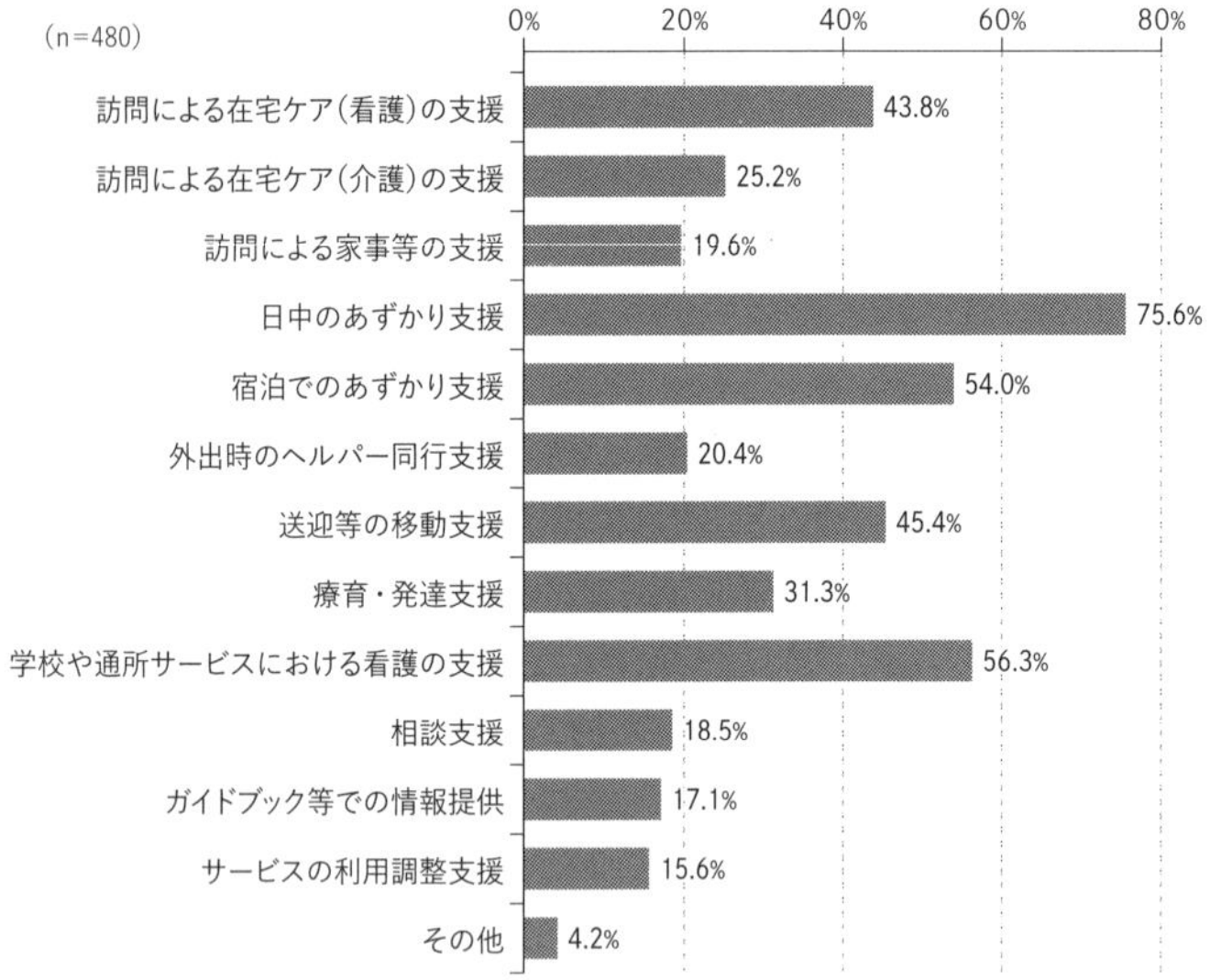

（注）「その他」として、「土日祝日での預かり支援」、「家族の通院時に病院内で一時的にみてもらえる場所」、「医療的ケア児を受入可能な保育園」等の回答があった。

出典：三菱UFJリサーチ&コンサルティング　厚生労働省 令和元年度障害者総合福祉推進事業
「医療的ケア児者とその家族の生活実態調査報告書」

ハンドルを握らねばならず、いつ事故を起こすか不安と緊張の毎日」
「毎日が緊張の連続。何も考えずに休める日がほしい。しかしショートステイの予約が全然取れない」

このように医療的ケア児を育てている親たちは、まとまった睡眠を取ることもできず、自分のための健康診断や美容院にも行けず、身体面、精神面、経済面のさまざまな負担を抱えながら何年間もケアを続けているのです。

このように医療的ケア児のケアで疲弊する親に対して、どうすれば状況を改善できるかを質問したところ、「日中のあずかり支援」がトップの69・7％でした。裏を返せば日中の預かり支援が十分ではないため、家族だけでケアを負担してトイレに行くことすらままならない生活を続けざるを得ないともいえます。

また、家族以外の人に、医療的ケアを必要とする子どもを預けられるところがない状況にあるかとの質問では、「当てはまる」と「まあ当てはまる」が合わせて57・0％に上り、半数以上が子どもの預け先がない状態で医療的ケア児のケアをしていることも分かりました。この状況を改善するために必要なサービスは、「日中のあずかり支援」がトップで75・6％となっています。

さらには医療的ケアを必要とする子どもが、年齢相応の楽しみや療育を受ける機会があるかどうかの質問では、48・3％がないと回答しています。本来ならばある程度の年齢になれば、子どもは日中保育所や幼稚園で集団生活を経験しますが、医療的ケア児にはそうしたチャンスが与えられていないことが分かります。

医療的ケア児を受け入れる施設がない

保育所や幼稚園などにおいては、少しずつ障がいのある子どもの受け入れが進みつつあります。特に障がいの程度が軽度であれば、受け入れの幅はさらに広がります。しかし、障がいのある子どもの受け入れは少しずつ進んでいるとしても、医療的ケア児となるとまた別の話です。痰の吸引や経管栄養などの医療的ケアが必要になると、看護師を配置しなければならないため、ほとんどの保育所や幼稚園で受け入れてもらえないのが現状です。

なかには、ごく少数ですが医療的ケア児を受け入れてくれる施設もあります。しかし、そうした施設にはせいぜい看護師が1人配置されているくらいです。そのため、医療的ケア児を1人か2人受け入れるのが精いっぱいで、全体のニーズに対して圧倒的に数が足りていません。

また、医療的ケア児に対応できるのが看護師のみの場合、預かっている最中に医療的ケアは行うことができますが、本来の目的である集団生活や子どもらしい経験まではとても対応しきれていないことが大半です。

また、ひと口に医療的ケアといっても、重症度はさまざまです。例えば胃ろうがあって経管栄養をしている子どもは受け入れていても、人工呼吸器をつけている子どもは受け入れられないなど、重症の子どもであればほぼ受け入れてもらえる施設はないと言っても言い過ぎではありません。私が聞き及んでいる範囲では、乳幼児など低年齢・低月齢の子どもで人工呼吸器を装着している場合、日中預かりなどをしてくれる施設はほとんど聞いたことがないのが現状です。

さらには単に人工呼吸器をつけているだけではなく、基礎疾患として心臓病があったりさまざまな手術を受けていたり、あるいは1日に吸引を何度も行わなければならないなど、人工呼吸器をつけている子どものなかでも重症度はさまざまなのです。

歩ける医療的ケア児という新たな問題

このほか、最近では精神発達に問題はなく、動ける医療的ケア児の行き場の問題も出てきました。これまで障がいのある子どもに対する支援といえば、重度の肢体不自由と重度の知的障害とが重複した、重症心身障がい児などが主に想定されていました。しかし、医療の進歩とともに医療機器を装着していても精神発達や歩行機能などには問題がなく、あちこち歩き回れるような医療的ケア児も増えてきたのです。

実際に、「医療的ケア児者とその家族の生活実態調査報告書」によれば、医療的ケア児の移動の状況について「移動は難しい」が63・2％で最も多かったものの、「走ることができる」

図7 移動の状況（複数回答）

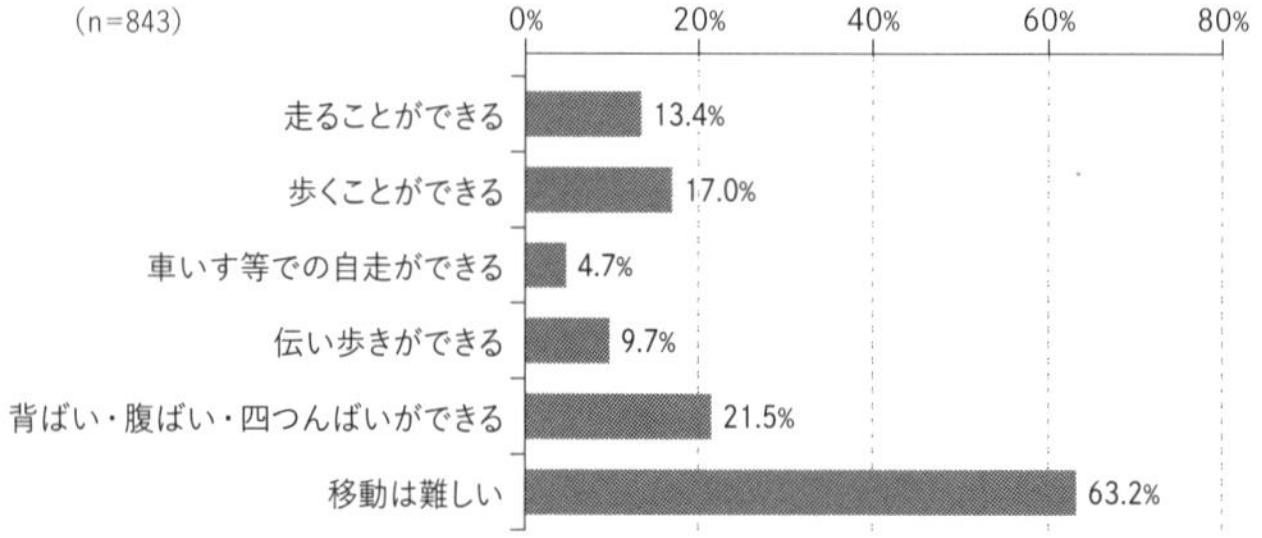

出典：三菱UFJリサーチ&コンサルティング　厚生労働省 令和元年度障害者総合福祉推進事業
「医療的ケア児者とその家族の生活実態調査報告書」

図8 移動の状況（重症心身障害児者の認定状況別）

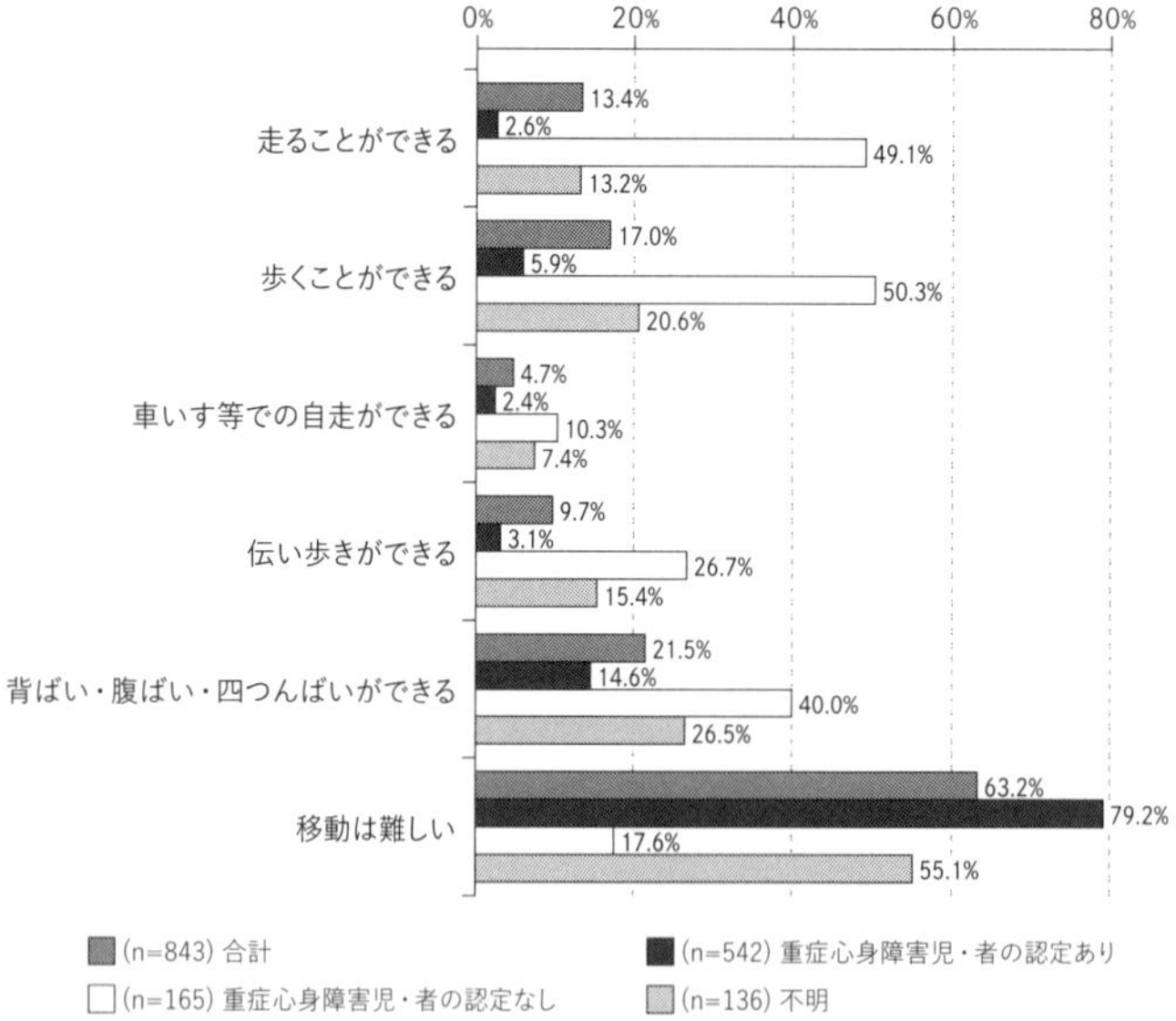

出典：三菱UFJリサーチ&コンサルティング　厚生労働省 令和元年度障害者総合福祉推進事業
「医療的ケア児者とその家族の生活実態調査報告書」

は13・4％、「歩くことができる」17・0％でした（複数回答）。つまり、全体の2割近くの医療的ケア児は寝たきりなどではなく自分で歩くことができると分かります。

この場合、歩き回ることによって医療機器が外れてしまう可能性があるため、職員が一瞬たりとも目を離すことができず、寝たきりの子どもよりもさらに対応に人手を要することになります。そのため、肢体不自由などがない動ける医療的ケア児は、保育所や幼稚園で健常児たちと集団保育を受けることが困難なことが多く、受け皿が少ない状況が続いているのです。

では、保育所や幼稚園などの施設で医療的ケア児を受け入れることが難しい場合、児童発達支援施設で受け入れればいいかというと、必ずしもそうではありません。児童発達支援とは、障害福祉サービスの中に位置づけられる施設です。障がいのある子どもに対して、身体的・精神的な機能の発達を促し、日常生活や社会生活を円滑に行えるようにするため、障がいの特性に応じた福祉・心理・教育・医療的なサポートをするための施設として位置づけられています。

児童発達支援においては、対象が精神発達遅滞や肢体不自由を伴う子どもになるため、提供する療育もその子たちを対象としたものになります。つまり、成長発達面では保育所や幼稚園に行くのが良いのですが、それでは医療的な問題が出てきます。一方で児童発達支援ではそれはクリアできても療育面で不十分な面が出てくるというジレンマがあり、非常に悩ましい問題になっています。

児童発達支援を利用する子どもは全国に13万人以上

近年、児童発達支援を利用する子どもの数は増え続けています。２０１２年には約４万７０００人だった利用者数は、２０２１年には約13万６０００人にまで増えました（厚生労働省「児童発達支援・放課後等デイサービスの現状等について」）。児童発達支援では身体障がいや知的障がい、発達障害を含む精神障がいのある子どもを対象としていますが、やはり数が多いのは自閉症や注意欠陥・多動性障害など発達に問題を抱えている子どもなどが中心で、医療的ケア児は含まれていないことがほとんどなのです。そのため、数少ない医療的ケア児を受け入れる児童発達支援などに申し込みが集中し、空きを待っていてなかなか利用できない子どもが多数いるとされています。

また、こうした状況は医療的ケア児が成長して学校に入学する年齢になっても変わりません。医療的ケア児は就学年齢になると、多くの場合、特別支援学校に入学します。特別支援学校とは、障がいがある子どもに対して、小学校や中学校、高校などに準ずる教育を行って、自立を図るために必要な知識と技能の習得を目指す学校です。視覚障がいのある子どもや聴覚障がい、知的障がい、肢体不自由、身体虚弱などの病弱な子どもが主な対象となっています。

現在、全国で約８０００人強の医療的ケア児が特別支援学校に通っています（文部科学省

図9　利用者数の推移（一月平均〈人〉）

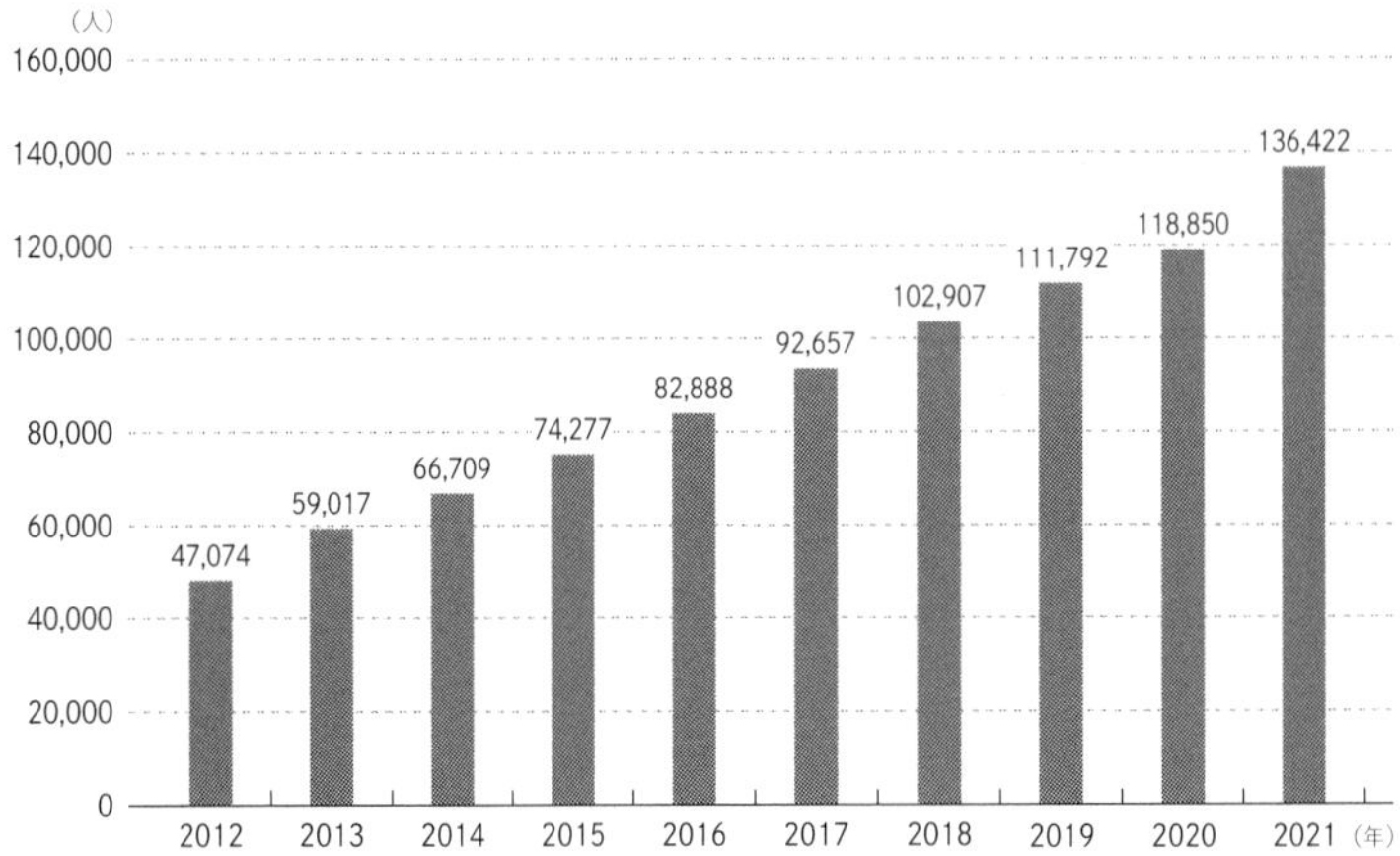

出典：厚生労働省「児童発達支援・放課後等デイサービスの現状等について」を改変

「２０２２年度学校における医療的ケアに関する実態調査結果」）。特別支援学校には看護師や介護福祉士などが配置されていて、喀痰吸引や胃ろう栄養、血糖値測定、インスリン、導尿などの医療的ケアが行われています。

　医療的ケア児を受け入れる児童発達支援や特別支援学校は、医療的ケア児にとって重要な居場所の一つです。子どもはある程度の年齢になれば集団生活を経験することが必要で、集団生活を経験しなければ学べないことは数多くあるからです。医療的ケア児であっても、自宅にこもって家族とだけで過ごすのではなく、児童発達支援や特別支援学校などに通うことで、その子なりの発達や成長を促すことができるのです。

子どもが登校している間、学校で待機することを求められる親たち

増え続ける児童発達支援や特別支援学校に通う医療的ケア児の人数だけを見ると、就学時年齢になれば日中子どもを受け入れてくれる場所があるのかと思いますが、必ずしもそうではありません。もちろん、学校という場所があるだけで、未就学児の頃よりは親の負担は軽減されることもあります。しかし、学校に入学してからも子どもの医療的ケアをしたり見守りをしたりするために、登下校時に毎日付き添わなければならなかったり、さらには子どもが学校に行っている間、ずっと別室で待機していなければならないケースも少なくないのです。

文部科学省の実態調査によれば、保護者が付き添いをしなくても子どもが登校できているケースは全体の36・2%です。一方で、58・3%と半数以上が医療的ケアを行うため、登下校の付き添いを行っています。そして、5・5%は学校での医療的ケアを保護者が行うために、子どもが登校中は絶えず親が別室に控えていなければならない状態になってしまっているのです。

医療的ケア児が学校生活を送る間、保護者が付き添いをしなければならない理由は「医療的ケア看護職員や認定特定行為業務事業者はいるが、学校・教育委員会が希望しているため」が最多で56・1%と半数以上を占めています。その他の理由としては「健康状態が不安定」「医

療的ケア看護職員又は認定特定行為業務事業者はいるが、一部対応できない時間帯・曜日等があるため」などが続きます。

医療的ケア児は、子どもによって必要な医療的ケアや配慮の内容がさまざまなので、学校もそのすべてに対応することはできません。そのため教職員や看護師が対応しきれない部分について、保護者に対応することを求めているのが現状です。

私が診療している医療的ケア児の保護者からも、学校に上がるとさまざまなシーンで付き添いを求められるため負担が大きいという話をよく聞きます。ある保護者は、人工呼吸器を装着している子どもの場合、子どもが学校にいる間中保護者が別室で待機していなければならないと聞いて、強いショックを受けたと言っていました。

親であれば、就学年齢になった子どもを学校に行かせたいと思うのは当然のことです。ある程度の年齢になれば、子どもは親だけではなくほかの子どもや大人たちと交流することで、子ども自身の世界を広げていくことが必要だからです。また、特別支援学校などで子どもの発達に合った教育を受けることで、将来自立するために必要な知識やスキルを身につけることもできます。

ところがこのような、子どもならば当然の権利である就学や教育の機会を得るためにも医療的ケア児の親は大きな負担がかかるのです。子どもが学校にいる間、ずっと親が学校で待機していなければならないとすれば、親は仕事をすることも休息することも、自分自身の体調管理のために病院を受診することも、何一つできないことになってしまいます。

多くの場合、父親が家計を支えているため付き添うなどの負担は母親にすべてのしかかることにもなります。医療的ケア児にきょうだいがいる場合、きょうだいの世話をする人がいなくなってしまいますし、シングルマザーやシングルファーザーの家庭で働きながら子どものケアをしているとすれば、そもそも付き添いそのものが不可能になってしまうのです。

人工呼吸器などの医療機器を装着していて、常に親の付き添いが必要なケースでなくても負担はゼロにはなりません。それ以外の医療的ケア、例えば痰の吸引などであっても、多くの学校が新年度は親の付き添いを求めているためです。このことから子どもが学校に慣れるまでしばらくの間は、親は待機室のような場所で待機しなければなりません。

待機が解除になる条件はさまざまですが、親と学校、それに主治医などが面談をして問題がなければ解除となることもあります。学校に行く年齢の医療的ケア児を育てる保護者たちの間では、新年度になると「いつ、学校待機が解除になったか」という話題がよく聞かれます。医療的ケアの状態によって解除になる時期はそれぞれですが、4月に入学して5月の連休明けには解除になったり、人によってはそれより長く待機が必要になったりするケースもあるようです。

新年度の待機が終わっても、それで親の付き添いが終わるわけではありません。遠足や修学旅行など、さまざまな学校行事の度にも医療的ケア児は親の付き添いが求められることがあるのです。遠足や修学旅行は、子どもにとって大きな楽しみの一つです。しかし、医療的ケア児の保護者はこのようなときにも大きな負担を求められます。我が子にほかの子と同じような経験をさせようと思ったら、泊まりがけで付き添わなければならないこともあるからです。このような話を聞く度に、医療的ケア児を育てる保護者の負担がなんとかもっと軽くならないものだろうか、といつも考えてしまいます。

また、登下校のみ保護者が付き添うのであっても、その負担は決して軽くはありません。特別支援学校はスクールバスを運行しているケースが多いのですが、医療的ケア児はスクールバスを利用できないことが多くあり、その場合は保護者が朝夕送り迎えをしなければならないからです。スクールバスが利用できない理由はいくつかありますが、一つには看護師の確保が難しいことです。人工呼吸器や痰の吸引などが必要な医療的ケア児が安全にバスで移動するには、何かあったときに対応できる看護師を配置することが必要です。

しかし、学校には看護師を配置できてもスクールバスにまでは同乗できないことが多く、その場合、医療的ケア児はスクールバスを利用できなくなってしまいます。スクールバスの運行は朝であれば7時台などになりますが、そのような時間帯に看護師を確保するのが難しいという背景があるのだと思います。

あるいは、バスの構造上の問題で医療的ケア児がスクールバスを利用できないこともあります。医療的ケア児のなかには自分で歩くことができず、車椅子でしか移動ができない子どももいます。しかし、多くのスクールバスは車椅子で乗れるような構造になっていないため、車椅子が必要な医療的ケア児は保護者が送迎するしか移動手段がないことになってしまうのです。

子どもは8時頃に学校へ行き、帰りは学年によって異なりますが15時前後には帰宅します。特別支援学校が近くにあれば負担は小さいかもしれませんが、そうでない場合は毎日往復で何時間もかかるケースがあります。送迎は子どもが小学校に上がってから高校を卒業するまで、長ければ12年間続くのです。これでは親はとてもではありませんが仕事をするどころではなくなってしまいます。

親が体を休めるためのレスパイトも不足している

保育所や学校に加えて、親自身が休息を取るためのレスパイトの難しさもあります。レスパイトとは、在宅で介護やケアをしている家族が日々の介護に疲れを感じ、自分自身の限界を超えてケアが不可能になってしまうことを予防するために、ケアが必要な人を入院させることを指しています。医療的ケア児だけではなく高齢者に対する介護などでも取り入れられていて、介護をする家族が潰れてしまわないようにサポートする入院のことです。介護やケアをする家族自身の休息だけではなく、家族の病気や入院、冠婚葬祭、出産、旅行などで一時的に介護やケアが困難になる場合にもレスパイト入院は行われます。

高齢者の介護などでは、家族が休養を取るために高齢者自身をレスパイト入院させますが、医療的ケア児の場合は必ずしも入院という形は取らずに在宅レスパイトをすることもあります。在宅レスパイトとは、子どもの自宅へ看護師などが出向き、一定期間見守りを行うことで家族の休息やリフレッシュを図ることです。

このレスパイト入院も在宅レスパイトも、どちらも医療的ケア児の親からは非常にニーズが高いサービスですが、対応できる施設や訪問看護師がなかなか見つからないなど、サービスを受けたいときにいつでも受けられるわけではありません。特に複数の障がいがあったり人工呼吸器を装着していたり、動ける医療的ケア児らは受け入れ先がなかなか見つからないという問題が指摘されています。

負担が偏り家族が崩壊するケースも

医療的ケア児の受け皿がないことは家族の生活に甚大な影響を与えます。近隣に助けてくれる祖父母や親戚などがいればまだいいほうで、実際には助けてくれる人がいないケースも少なくありません。そのような場合、父親が会社を退職して自営業に切り替えたり、そうできない場合は母親のみが仕事を辞めてたった一人で医療的ケア児に向き合ったりするなど、ライフスタイルに大きな影響が出るのです。

医療的ケア児を育てるためには、医療費や通院費など経済的な負担がかかるのに対して、ケアのために多くの時間を割かなければならないため就業が困難という課題があります。多くの親が、子どもの病気や体調の不安を抱えながら、同時に経済的不安や社会的不安、将来への不安などさまざまな不安を抱えながら日々のケアにあたっているのが現状なのです。

医療的ケア児を育てながら仕事をしようと思っても、未就学児のときの壁や就学してからの壁、あるいは学校を卒業してからの壁など親の就業を妨げるいくつもの壁があるため、仕事をすることは並大抵ではありません。実際に、医療的ケア児を抱える家族の親の多くが「就業が困難」だと訴えています。

医療的ケア児はそもそも預かってくれる保育所自体がほとんどないうえに、病児保育のようなところなどはさらに数が限られます。運良く預かってくれる保育所が見つかったとしても、子ども自身が病気を抱えているため体力がなく、長時間の保育に耐えられないこともよくあります。あるいは保育所側で、医療的ケア児を見られるだけの十分な人員体制がないため、短時間の受け入れしかできないこともよくあります。その場合、預けられるとしても日中の2、3時間などの預かりになってしまい、仕事をできるほどのまとまった時間を作ることはできません。

医療的ケア児は成長過程で、治療やリハビリ、療育などさまざまなサポートを受ける必要があります。このことも親の就業を困難にしています。例えば医療的ケア児の多くは複数の合併症を抱えていて、定期的に大学病院などへ通院しなければなりません。このときも大学病院の複数の診療科を受診しなければなりませんから、毎回一日がかりになるのです。

また、個々の特性や障がいに応じて発達を促す活動をする療育は、親子が一緒に通って療育プログラムを受ける母子通園が求められているケースもあり、そうなると母親が子どもと一緒にプログラムを受けなければなりません。このような療育施設では母子通園が終わって子どもだけで通えるようになるまでに1年以上かかることも珍しくないため、母親が育児休業から復帰できずにそのまま失業となってしまうこともあるのです。

では、母親が専業主婦となって子どもの療育などに専念すればよいかといえば、そのような簡単な問題でもないのです。医療的ケア児の育児は24時間３６５日緊張を強いられるため、母親に負担が偏ってしまうと母親自身が倒れてしまったり、健康を損なってしまったりすることがあるからです。医療的ケア児のケアを引き受けている母親が倒れてしまったら、父親が仕事をしながら家事と医療的ケア児の世話をしなければならなくなり、家庭崩壊につながってしまうこともあります。

実際に厚生労働省の調査からは、絶えず緊張を強いられる環境のなか、ワンオペで医療的ケア児やそのほかのきょうだいのケアをしなければならない母親の負担を心配する一方で、自分自身は家計を支えるために仕事を離れるわけにはいかずに葛藤する父親の声も寄せられています。

このように医療的ケア児を抱える家族は、医療的ケア児本人はもちろんのこと、支える父親か母親、あるいはほかのきょうだい児など誰か一人でも倒れたらその瞬間に家庭が崩壊する、綱渡りのような毎日を強いられているのです。

医療的ケア児に対する受け入れは家族によってさまざまで、かえって家族の絆が強まる家庭もあります。そのような場合は、家族が一致団結して子どもをケアするために知恵を絞ります。しかし、必ずしもそのようなケースばかりでもありません。なかには母親だけに負担が押し寄せて家族が崩壊してしまったり、離婚に至ってしまったりするケースもあるのです。

なぜ、医療的ケア児を受け入れる施設がないかといえば、マンパワーの不足や制度の問題などさまざまな課題があるからです。一つには医療的ケア児を診ることができる医師や看護師、理学療法士、保育士などの専門職種が十分ではないことです。医療的ケア児のケアは看護師ならば誰でもできるというものではなく、それなりに小児医療の経験などを積む必要があります。また、医療的ケア児のリハビリができる理学療法士も決して多くはありませんし、医療的ケア児の保育に精通した保育士はほとんどいないともいえます。このような状況では、医療的ケア児を安心して受け入れられる施設を作ることは困難です。ましてや、人工呼吸器などを装着している重症の医療的ケア児を受け入れられる施設はほぼ皆無に近いのが現状です。

センター化して多くの医療的ケア児を受け入れると単価が下がる矛盾

このほか、医療的ケア児を預かるための報酬体系にも課題はあります。重症度にかかわらず医療的ケア児を受け入れるためには、医師や看護師、理学療法士、保育士などを配置してある程度の規模をもった施設を作ることが必要です。専門的な人材を離れたところにあちこち点在させては非効率ですし、そうなると多くの医療的ケア児を受け入れることはできません。

ところが現状の制度では、医療的ケア児などを見る児童発達支援などは、センター化して大規模に運営するのには適さないようになっています。児童発達支援などの報酬は、障害福祉サービス等報酬として国によって決められていますが、この報酬体系では、少ない職員数で少ない利用者を受け入れたほうが報酬単価は高くなり、センター化して多くの利用者を受け入れるやり方だと単価が低くなるように設定されているのです。つまり、そもそも国の方針として大規模なセンター化を推奨していないと考えることもできます。

そのため、児童発達支援などは小規模な事業所があちこちにパラパラと点在することになってしまいます。私はこれが大きな問題だと感じています。なぜなら、小規模な事業所では複数の看護師を配置したり、ましてや理学療法士を常勤で雇用したりすることはできませんから、結果として重症の医療的ケア児は受け入れられないということになってしまうからです。また、医療的ケア児を見ることができる一定のスキルと知識をもった人材が小さな事業所に分散してしまい、マンパワーを有効活用できていません。

この問題については3年に一度見直される障害福祉サービス等報酬改定によって、今後改善される可能性がないとはいえません。しかし基本的に、児童発達支援や放課後等デイサービスなどのいわゆる障害福祉サービスは、利益を生まない構造になっているのです。そのため、多くの事業所の運営主体は社会福祉法人などになっています。

社会福祉法人は、そもそも公益事業を目的とした法人ですから、原則として法人税がかからないなどの税制優遇があります。一般の営利法人と同じような収益事業を行った場合のみ、例外的にその事業から発生した所得に対して法人税が課税される仕組みになっています。

つまり、児童発達支援などの福祉事業は、税制面で優遇されている社会福祉法人などが行うことが前提のように考えられているため、大きな利益が生まれないような報酬体系になってしまっているのです。ところが社会福祉法人は福祉に強い法人ですから、医療サービスは提供できないことがほとんどです。また、社会福祉法人の事業では大規模展開するようなやり方もなじまないため、医療的ケア児を受け入れられない小規模な事業所が点在する理由にもなります。ここにも、医療的ケア児の受け皿が増えない理由があるのです。

このように医療的ケア児をサポートし、安心して預けられる施設はほとんどありません。そのため家族がすべての負担を抱え込み、どんどん追い込まれてしまっているのが現状なのです。

第3章

重症度を問わず受け入れができる施設をつくりたい――

医療的ケア児が通所できる多機能型児童発達支援センター設立に挑む

静岡県立こども病院で小児集中治療に取り組んだ勤務医時代

医療的ケア児とその家族が地域で安心して暮らせる受け皿がないことに気づき、なんとかしたいという思いをもつようになったのは、私自身が歩んできた医師としての背景が根底にあります。

私は京都府立医科大学を卒業したあと、小児科医となりました。小児科医を志したのは、病気のせいでさまざまな経験をするチャンスを奪われてしまう子どもを救いたいと思ったからです。同じような患者を治療するにしても、数十年の人生を生きてさまざまな経験をした末に病気になる高齢者に対して、子どもはまだ人生の喜びも悲しみも、何も経験していません。ですから、少なくとも普通の人が経験するようなことは経験できるように、そのために病気やケガが障がいになっているのであれば障がいを取り除いてあげたいと思って小児科医を専攻しました。

免許を取得したあとは、母校である京都府立医科大学附属病院や埼玉県立小児医療センターなどで、小児の心臓病などを対象とする循環器領域で経験を積みました。なぜ、最初に心臓病の分野を選んだかというと、目の前にどのような重症患者が来ても助けてあげたいと思ったからです。そのため、数多くある子どもの病気のなかでも最重症である、心臓病を学びたいと思いました。そして、心臓病の治療についてある程度自信がもてるようになってからは、京都や千葉など各地の小児医療センターなどに勤務し、新生児医療などを学びました。

さまざまな分野を学んだあとに、最終的には小児集中治療の分野を専門とするようになりました。小児集中治療を選んだのは、やはり重症患者を救いたいと思ったからです。重症の患者が集まる集中治療に特化することで、命の瀬戸際にある子どもたちを一人でも多く助けられる医師になりたいと強く思ったのが理由です。

２００７年からは、静岡県立こども病院という子ども専門の県立病院で働きました。この病院に行ったのは、当時はまだ全国的にも珍しかったＰＩＣＵの立ち上げメンバーとして声をかけてもらったからです。アメリカで小児集中治療を学んで日本にもその概念を持ち帰った植田育也氏が静岡県立こども病院にもＰＩＣＵを立ち上げるということで、私もメンバーの一人として声をかけてもらいました。

ＰＩＣＵというのは集中治療が必要な子どもたちを1カ所に集約して治療する施設のことです。成人を対象とした集中治療室がＩＣＵ（Intensive Care Unit）であるのに対して、子どもを対象とした集中治療室がＰＩＣＵと呼ばれます。

ここでは小児集中治療を専門とする医師や看護師に加え、複数の専門診療科の医師やほかの医療スタッフが連携して、病気やケガで命が危険な状態にある重症の子どもに対して、生命維持装置などを使って救命のための集中的な治療を行います。例えば心臓病の手術をしたあとの子どもや交通事故で大きなケガを負った子ども、人工呼吸器による管理が必要な子ども、血液透析が必要な子ども、その他全身管理が必要な子どもに対して、24時間観察しながら集中的に濃密な治療を行います。

小児集中治療は、日本ではまだ歴史が浅い分野です。私が静岡県立こども病院でＰＩＣＵの開設に関わる以前に、日本でしっかりと確立されたＰＩＣＵをもっていた病院は、国立成育医療研究センターや東京都立小児総合医療センターなど、ごくわずかしかなかったと記憶しています。つまり日本全体で見れば小児集中治療の分野は、まだ20年弱くらいの歴史しかありません。そうしたなかで小児集中治療を専門とする医師も比較的若く、静岡県立こども病院で働いているときは同世代の医師が周囲に多くいました。

ＰＩＣＵで行われている治療のおよそ半分は、心臓の手術や開腹手術など大きな手術を受けた患者の術後の管理です。そして残りの半分は救急疾患への対応となっています。ひと口に救急疾患といってもいくつかのパターンがあり、入院中の患者の状態が悪くなったときに受け入れて集中的に治療を行うこともあれば、ほかの病院から重症化した患者が運ばれてきて、それを受け入れて治療を行うこともあります。あるいは、迎え搬送と呼ばれる対応もあります。これは医師や看護師がドクターカーに乗って直接ほかの病院まで重症患者を迎えに行くことを指しています。これ以外の治療では、一般の小児科医には対応が難しい中心静脈カテーテルを入れるなどの特殊処置もＰＩＣＵで行っています。

集中治療や救命救急の集約化が進み、小児の医療体制が整う静岡県

静岡県は、県全体で見ると都会でもなく人口が極端に減っている地方でもなくその中間に位置する地域ですが、子どもの医療については比較的体制が整っているといえます。子どもの集中治療や救命救急の集約化が進んでいて、医療の提供体制が比較的充実しているのです。

県中央部にはＰＩＣＵをもつ静岡県立こども病院があり、西部には聖隷三方原病院、そして東部には順天堂大学医学部附属静岡病院があります。聖隷三方原病院と順天堂大学医学部附属静岡病院はそれぞれドクターヘリをもっているので、それぞれの病院で対応しきれないような重症の小児患者が出た場合は、ドクターヘリを使って迅速に静岡県立こども病院へ搬送することができます。

あるいは非常にへんぴな交通の便が悪い場所であれば、ドッキング搬送といってドクターカーとドクターヘリが中継ポイントを決めて同時に出動し、中継ポイントで患者を受け渡しするようなシステムも確立しています。このように県内全体が集約化されていて、救急医療の入り口の部分、つまり最初に医療を受ける体制はほかの都道府県に比べると充実しているといえるのです。

入り口の部分では非常に優れたシステムをもつ静岡県ですが、果たして出口の部分でうまく

いっているかといえば、必ずしもそうではない現状がありました。出口とは、つまり退院のことです。ＰＩＣＵやドクターカー、ドクターヘリなどの配置によって救急患者を速やかに搬送し、入院させるまではスムーズに進みました。ところが病院で一定期間治療し、無事に命が助かってその後、退院する部分でつまずいてしまうケースが非常に多くあったのです。

特に問題になるのが、病気やケガの治療をしたあとに障がいを負った子どもたちです。障がいを負って日常生活で医療機器の装着などの医療的ケアが必要になった子どもたちが、スムーズに退院することが難しいという課題がありました。

救命はできるが、その後に医療行為が必要になる子どもたち

私はＰＩＣＵで長く働いていたので、重症例でなんとか治療して命が助かる子どもを多く見てきました。24時間集中して必死に治療して、子どもの命を助けられたときはこのうえない喜びを感じます。病気やケガは誰にも等しく襲いかかりますが、まだこの世に誕生して数カ月や数年しか経っていない子どもたちが病で命を落とすのはあまりに残酷です。そのような残酷なケースを一つでも減らすために、私たち小児科医は全力で治療に臨むのです。

しかし、残念なことにすべての子どもを五体満足で治してあげることはできません。最新の医療技術をもってしても、救命することで精いっぱいで、障がいが残ってしまうのをゼロにす

ることはできないからです。

このようなときは、医師は大きなジレンマを抱えて病気をもつ子どもと向き合わなければなりません。なんとかして尊い命を救いたい、そのためにはどのような手段でも使いたいのが本音です。しかし、一方で救命したあとの生活がどのようになるかを私たち医師は理解しています。理解しているからこそ、救命のために全力を尽くすことが、最終的に子どもと家族の幸せにつながらないこともあるという事実と向き合わなければならないこともあるのです。

例えば救命できても24時間365日人工呼吸器の装着が必要になる可能性や、一生ベッドから起き上がることができなくなる可能性が高いことなどが医師には予測できます。こうなった場合、ケアする家族がどれほど苦労するか、本人にとってどれほどの苦痛が続くかが医師には分かってしまうのです。

気管切開して人工呼吸器を装着するとなると、まず静岡県立こども病院のような大規模な病院でなければ何かあったときに対応できません。また、人工呼吸器が止まってしまうと即座に呼吸ができなくなり、それは死を意味することになります。ですから家族は24時間365日、気を休めることなくその子のそばにいて、呼吸ができているか機械にトラブルはないか、酸素を十分に取り込めているかなど見守り続けなければならなくなってしまうのです。これは並大抵の苦労ではありません。

当然のことながら、家族はどのような手を使っても、なんとしても子どもを助けてほしいと懇願します。私にも子どもがいますから親の気持ちはよく分かります。親であれば、どのような状態であっても我が子を助けたいと思うのは当たり前のことだからです。

だからこそ、救命した結果、どのような状態になるかを親に伝えることは非常につらい仕事です。私たち医療者もどのように伝えるか、毎回非常に頭を悩ませているのが実情です。子どもの状態や親の受け入れ方の状態などさまざまな面から考えて、毎回、その家族に応じた伝え方をなんとか探っているのです。

多くの場合は、治療の途中から最終的にどのような医療的ケアが必要になりそうか、少しずつ伝えていくようにしています。人工呼吸器などが必要だとハッキリ分かった時点でいきなり伝えると、親はにわかには受け入れることができないからです。そのため、事前に良い可能性と悪い可能性をしっかり伝えて親自身に受け入れる時間を与えなければなりません。例えば救命はできたとしても重度の障害が残りそうなケース、あるいは親が24時間365日つきりで見なければならないケースなど、親が必要以上にショックを受けないように配慮しつつ、どれほど残酷であっても事実はしっかりと伝えていかなければなりません。

PICUという命の瀬戸際にある子どもたちを救う最前線にいて、私は長年葛藤を抱えながら治療を行ってきました。医師として全力を尽くして命を救い、その結果、障害が残って一生医療的ケアが必要になったとしたら、果たして私のやっていることは本当に子どもとその家族のためになっているのか迷いを消すことができなかったからです。

私は子どもを救うために小児科医になりました。それは、命を救うことがそのまま子どもと家族を幸せにすることだと信じていたからです。しかし、医療の現場で多くの重症の子どもたちを見るなかで、必ずしもそうとは言い切れないケースに出合ったのも事実です。このジレンマをどうやって解消すべきか分からずに、長い間私は自問自答を繰り返していました。

退院後の受け皿さえあれば、子どもは家に帰ることができる

このようなとき、もしも退院後にどのような医療的ケアが必要な子どもであっても預かってくれる場所があればこうした問題はかなりの部分は解決します。例えば医療的ケアが必要な子どもを日中だけでもそうした施設が見てくれれば、家族の負担は大きく軽減されます。手の掛かる医療的ケアが必要だとしても、週末や夜だけならばなんとか対応できることもあるからです。あるいは日中、子どもを見てくれる場所があれば、仕事を続けたりほかのきょうだいの世話をしたりすることもできます。

しかし、現実にはこうした施設はほとんどありません。気管切開をしていたり呼吸器をつけていたり、あるいは胃ろう栄養をしていたりといった医療的ケアが必要な子どもたちが安心して過ごせるような受け皿は、日本全国探してもまだまだ極めて少ないのが現状だからです。そ

もそも医療的ケアが必要な大人が過ごせる施設も少ないなかで、年齢が下がれば下がるほど対応も難しくなるため、複雑な医療的ケアが必要な子どもの受け皿は地域にほとんどないといっても過言ではありません。

そこで、退院後の行き場がない子どもたちを数多く見るなかで「ないならば自分がつくるしかない」との思いがいつしか私の中で大きくなっていきました。非常に難しい試みだとは思いましたが、小児の集中治療現場を知っている自分だからこそ、これまでの知識や経験を活かして何かできることがあるはずだと思ったのです。

もしも私が、医療的ケア児が退院後に安心して過ごせる受け皿を作ることができれば、すでに入り口の部分は整備されている静岡県で出口も整備されることになり、まさに地域で一貫した小児医療が完結することになります。それに何よりも困っている家族、家に帰りたい子どもたちを笑顔にして彼らを救うことができるのです。どんな重度の障がいがあっても、どれほど手の掛かる医療的ケアが必要であっても対応してくれる場所さえあれば、もっと多くの子どもたちを救うことができるに違いないのです。

忘れられない子どもたちの思い出

このような思いを強く抱くきっかけになった患者は何人もいました。例えばもともと基礎疾患があり、全身に細菌が回ってしまう重症敗血症になって腎臓に障がいを負った子どもがいました。その子は腎臓がまったく機能しなくなってしまったので、容体が安定しない急性期は血液透析を行いました。

血液透析とは、頸部にある血管にカテーテルを留置してポンプを使って体内から血液を取り出し、体内の老廃物などを取り除く装置を通して、血液をきれいにしてから再び体内へ戻す治療のことです。

しかし、特に子どもの場合はずっと血液透析を続けることはできず、PICUから一般病棟へ移るときや退院時などには、腹膜透析に切り替えることが必要になります。腹膜透析とは、おなかの中に透析液を入れて、腹膜を使って老廃物の除去を行う透析方法です。腹膜透析は自宅でできる透析方法とされていますが、実際にやるとなると非常に負担の大きな治療です。時間も手間も掛かりますし、大がかりな装置も必要になるからです。

もしも自宅で腹膜透析を行うとすれば、まず腹膜透析専用の装置を自宅に設置しなければなりません。そして装置を用意するだけではなく、不具合が起きたときのトラブルシューティングも含めて、家族が装置の使い方に慣れなければならないのです。

しかも、子どもの場合は大人と違った難しさがあります。治療の必要性を理解して透析の間はじっとしていられる大人に対して、子どもはどうしてもじっとしていること自体が難しくなります。そのため装置が不具合を起こしたり止まったりする回数も、大人よりもずっと多くなってしまうのです。

また、自宅に完備しなければならないのは透析の装置だけではありません。透析液も必要で、その数は膨大です。例えば1カ月分の透析液を保管しようとすれば、一部屋をそれ専用にしなければならないほど多くのスペースが必要になるのです。このように装置の管理と物品管理だけを考えても、家族の負担は非常に大きいといえます。

さらに、透析をしていると感染症を起こしやすいというリスクがあります。外側からおなかの中に毎日液体を入れるため、どうしても腹腔内の感染などを起こしやすくなってしまうからです。このほかにも長年にわたって腹膜透析を続けていると、腹膜自体が硬くなってしまったり機能しなくなってしまったりするリスクが高くなります。そうなると透析自体の効率も悪くなり、やがては透析ができない事態を招くことになるのです。

こうして考えていくと、自宅での腹膜透析はある意味で呼吸器などよりもはるかに扱いが難しい医療的ケアといえます。

最後の砦《とりで》として治療にベストを尽くしたい

近年、透析治療自体は非常に進歩していて、透析クリニックなども増えてきて成人であれば外来通院で治療が可能です。しかし、外来で行っている成人の透析はほとんどがシャントと呼ばれる血管を作って行う血液透析です。シャントというのは血液透析を行う際に、十分な血液量を確保できるように静脈と動脈をつなぎ合わせて作る血管です。大人の場合は腕の血管などを使って血液透析ができますが、子どもの場合は血管が細いため十分な血液量を確保できないので同じ方法では行うことができません。そのためどうしても腹膜透析が必要になってしまうのです。

敗血症によって腎臓に障がいを負ってしまった子どものケースでは、一人親で経済状況もあまり良いとはいえない家庭でした。そのため親がつききりで腹膜透析を行えば働くことができなくなって、あっという間に経済的に破綻してしまうことが分かります。そのため家族にとって負担の大きな治療法を積極的に勧めることができず、現実的な治療方法のなかから選択肢を提示するしかありませんでした。

本来ならば腹膜透析がベストだとしても、現実的にそれが不可能な場合、血液透析しか選択肢がなくなることもあります。血液透析をする場合、血液の出入り口となるブラッドアクセスなどを入れますが、これは感染管理の問題もあるため入れっぱなしにすることはできません。2週間程度入れておくと、多くの場合感染しやすくなってしまいます。

一度入れた場所は血管が修復するまで再び入れることはできませんから、2回目、3回目と交換する度に違う場所にブラッドアクセスを入れる必要があります。血管が修復するのにはある程度の時間も必要ですから、あちこち場所を変えて差し替えていっても、永遠にそれを続けていくことは困難です。やはりどこかのタイミングで治療の限界が訪れます。

医師として、もうこれ以上どうすることもできないという状況を親に伝えることは身を切られるほどつらいことです。ましてや私が働いていた病院は子ども専用の県立こども病院であり、静岡県で子どもの治療に関しては「最後の砦」とされる病院です。やっと頼ってやって来た、その最後の砦で「これ以上打つ手はない」と告げられた親は、いったいどれほど絶望するかというととても言葉に表すことはできません。

あるいは同様の事例は、気管切開などでも起こります。気管切開とは、肺に空気を送ったり、痰を吸引しやすくしたりするために、喉から肺まで続く空気の通り道である気管に穴を開ける医療処置のことです。喉の部分に穴を開けて気管を切開し、開いたところからカニューレと呼ばれる管を挿入し、気管内へ設置します。自力で呼吸することが難しい子どもに対しては、気管切開をすることで安定した呼吸を助けることができるのです。呼吸がしやすくなることで体力が回復しやすくなります。

気管切開も行うことで子どもの呼吸を助けることができる医療処置ですが、課題はあります。それは気管切開をしている子どもが退院したあと、地域でその子を見てくれる場所というのがどうしても限られてしまうことです。

例えば呼吸を助ける処置には、気管切開だけではなく酸素マスクを当ててそこへ機械で圧をかけるような装置もあります。しかし、これを小さな子どもに行うことは極めて難しいです。

寝たきりの病人や高齢者などと違い、小さな子どもはどうしても動き回るためマスクがすぐに外れてしまいますし、そもそもあまりに小さな子どもであればその子に合ったサイズのマスクがないことがあるからです。

その点、気管切開は大きなマスクなどを顔の周りに固定する必要がなくなるため、子どもにとっては動きやすいというメリットがあります。ただし、気管切開にもデメリットがあり、何かの弾みに気管につなぐ管であるカニューレが外れてしまうこともありますし、時には詰まってしまうこともあります。そうしたときの対応も含めて、気管切開をしている子どもを安心して預けられるような施設というのはほとんどないのが現状なのです。その結果、子どもが気管切開をすると家族だけで24時間365日ケアを続けなければならなくなります。

そのため、家族の状況によって負担の大きな医療的ケアに対応できないと判断した場合、本来ならば気管切開をするのがベストだと分かってはいても、気管切開をしないで退院させることもゼロではありません。しかし、往々にしてそのような子どもの場合は、すぐにトラブルが起こって再入院になってしまいます。そうした場合、最悪のケースでは窒息し、さらなる後遺障害を発生させてしまうことすらあるのです。

気管切開しないリスクを理解しつつも、退院後に気管切開へ対応してくれる地域の受け皿がないためそのまま退院させなければならないことは、医師としては非常につらい判断です。

子どもの苦痛を和らげるためにできることとは

このほか、免疫不全症なども地域で対応できる施設や病院がない病気の一つです。免疫不全とは、白血病などの血液疾患であったり、固形腫瘍を治すために抗がん剤治療をしていたり、骨髄移植をしたあとに免疫抑制剤を使っていたりする患者に多いです。

いわゆる免疫は白血球がつかさどっていますが、白血病の治療で骨髄移植などをすると白血球そのものが上手に作れなくなったり、作れたとしても免疫機能が不十分になったりすることがあります。この場合は極めて感染に弱くなり、ちょっとした感染であっても重症化しやすくなります。あるいは非常に珍しい病気ですが、先天性の免疫不全では、生まれつき免疫をもっていない子どももいます。

固形腫瘍は脳腫瘍や肝臓の腫瘍、腎臓の腫瘍などさまざまです。こうした腫瘍に対しては手術をしたうえで、抗がん剤を使って治療します。このような患者の場合、子どもであってもそれぞれの臓器が抗がん剤や自分の免疫細胞を使った免疫療法などによって攻撃されていて、高齢者と同じくらいの臓器の機能しか残っていないケースも珍しくありません。

こうした場合、最後は高齢者と同じくらい臓器が働いていない状態になり、もともとの病気もそれ以上は治療できないところまできて、呼吸状態も悪くなって酸素マスクが外せなくなり、口から物を食べることもできなくなって経管栄養が必要になります。そうなるともう看取りに向けて苦痛を和らげるための緩和医療しかできることがなくなってしまうのです。

治すことを目的とした治療はほとんどできなくなり、ただ経管栄養をしていたり点滴をしていたり、あるいは痛みをコントロールするための治療だけをやることになります。こうした状態の子どもの何がつらいかといえば、子ども自身の意識や頭はハッキリしていることがある点です。

望む場所で過ごすことで生きる力がわいてくる

こうした子どもたちは入院中、ベッドサイドで親と過ごしたり、保育士が来て絵本の読み聞かせをしたりして過ごします。時には病気の子どもの願いをかなえるボランティア団体などの力を借りて、本人の望みを聞いて行きたい場所ややりたいことを実現してあげることもあります。

では、緩和医療を受けるために入院している子どもたちが何を願うかというと、ほとんどが「家に帰りたい」と望むのです。家に帰って家族と一緒にテレビを見たりご飯を食べたり、なんでもないことで笑ったり、そのような日常生活を望むことがほとんどです。あるいは、もう一度保育所や幼稚園に行きたいと言う子どももいます。保育所や幼稚園に行って仲の良かった友達と遊びたいと願う子どもも少なくありません。

病気によっていろいろなことができなくなったとき、子どもたちが願うのは何も特別なことではありません。子どもたちが願うのは家に帰りたい、家のベッドで眠りたい、家族と一緒にテレビを見たいというような、ごく当たり前のことばかりです。そのような当たり前のことすらできなくなるからこそ、病気はつらいのです。

助けられなかった子どもたち

これはどの医療者も同じかもしれませんが、私は数えきれないほど多くの子どもたちを治療してきたなかで、やはり救えなかった子どもたちのことを何よりもよく覚えています。まぶたの裏に浮かぶのは助けてあげられなかった子どもたちばかりです。

「ああすれば助けられたかもしれない」「こういう方法もあったのではないだろうか」など、医師としてどれほど経験を積んだとしても、助けられなかった子どもたちへの思いを断ち切ることはできません。何年経っても覚えていますし、同じような状態や病気の子どもに遭遇すると、そのときのことを思い出して失敗をバネにより良い治療をできるように努力を重ねるのです。

反対に、どれほど重症例であったとしても、元気になって退院していった子どものことはサッパリ忘れてしまうこともあります。数年後などに再び外来で「あのときはありがとうございました」と言われても、なかなか思い出せないことも珍しくありません。それだけ助けられなかった子どもの記憶は、生涯忘れられない記憶として刻まれているのだと思います。

これは多くの医療者が同様で、皆そうやって苦い悔しい思いをして、次こそは助けられるようにと知識や技術を身につけていくのだと思います。

現状を打破するには、自分が動くしかない！

このように退院後の受け皿がないことによって、治療に制約が生まれたり家族の負担が大きくなったり、あるいは家に帰りたいというごく当たり前の望みさえかなわなかったりする現状を私は数えきれないほど見てきました。

どれほど医療的ケアが必要であっても受け入れて、例えば日中だけでも預かってくれるような施設があれば、家族の負担は大きく軽減されますし、仕事を辞めなくても両立できる可能性が生まれます。あるいはすでに積極的な治療ができる状態ではなく、緩和医療を受けている子どもであっても退院後に対応してくれる施設や地域の医療機関があれば、自宅へ帰ることができます。

腹膜透析が必要だけれど家庭の事情で難しく血液透析をせざるを得ない子どものケースでも、もしも退院後に日中預かって腹膜透析をしてくれる受け皿さえあれば治療の選択肢を狭めることにならなかったはずなのです。気管切開にしても同様で、気管切開をしている子どもを日中見てくれる場所があれば、必要な子どもには気管切開をして呼吸の安全を保つことが可能です。

地域に医療的ケア児を受け入れる場所さえあれば、もっと充実した医療を行って、安心して退院できる子どもが増えるにもかかわらず、そうした場所がない現状に私は長年ジレンマを感じていました。そしていつしかこの現状を解決するには、自ら動くしかないと強く感じるようになっていったのです。そこで医療的ケアが必要な子どもの退院後の受け皿となる施設を、私自身が立ち上げることを決心しました。

子どもを通した偶然の出会い

どのような施設を作るべきかは明確でした。どれほど重症の子どもであっても対応できて、医療的ケア児に対して療育やリハビリなど必要なケアを提供し、父親や母親など家族の負担の軽減にもつながる複合的なセンターです。このような施設が地域にあれば、多くの子どもや親を笑顔にできると確信していました。

そうはいっても実際にどうすればよいのかはまったく分かりませんでした。医学部を卒業してからずっと小児科の医師として働いてきたので、医療のことは分かっていても施設を作ったり組織を立ち上げたりといったことはまったく未経験だったからです。第一に、そのような施設を作るのに必要になる莫大な資金をどうやって捻出すればよいかも分かりませんでした。

そんなとき、一つの出会いがありました。私には子どもがいますが、たまたま子ども同士が同級生だった縁である人と出会ったのです。その人は地域で保育所や美容院などを多角的に経営している人でした。彼が私のやりたいことに非常に興味を示してくれて、私の相談に乗ってくれるようになったのです。それで、役所への相談の仕方などを教えてくれるようになりました。

しかし、それでもまだまだハードルはいくつも残っています。私はこれまで事業計画など一度も立てたことがありませんでした。しかし、銀行の融資を受けるならば事業計画書は必須です。私が理想とするセンターを運営するにはどれほどの費用が必要で、収支がどのようになるかなど、想像もできませんでした。

クリニックを併設することで経営基盤を盤石にする

ただ、なんとしても地域の受け皿となるセンターを作りたいという強い思いをもって行動すれば、自ずと道が開けることも分かりました。子どもを介して知り合った経営者以外にも、税理士やファイナンシャルプランナーなどの専門家が次々に協力してくれるようになったからです。

ところが税理士などの力を借りていろいろとシミュレーションをしたところ、医療的ケア児を受け入れて療育などを提供するセンターだけではとてもではありませんが収支が合わないことが分かりました。これには困りました。

私がやりたい医療的ケア児の療育は、制度でいうと児童発達支援になります。児童発達支援は、児童福祉法に基づいて報酬が国によって決められていて、ここには工夫の余地はありません。私がやりたいのはどれほど重度の子どもでも預かることができるセンターですから、その分看護師や保育士などの配置はどうしても手厚くなり、人件費は削ることができません。

そこで、クリニックを併設することにしました。クリニックはきちんとやればしっかり収益を出すことができますから、クリニックの収益で児童発達支援センターを運営しようと考えたのです。ここまで考えたうえで、事業計画書を作って銀行へ融資を申し込んだ結果、なんとか融資を受けることができました。

ここまでのことは、すべてPICUで働きながら行ったことです。そのため、すべてをタイムリーに行うことは不可能でした。また、福祉分野のこともまったく知らなかったので、それも一から勉強しました。こうして最終的にやりたかったセンターの設立までは数年の年月がかかったのです。

どのような重症度の子も受け入れる多機能型児童発達支援センターをオープン

このように紆余曲折を経て2023年、晴れて医療型児童発達支援、放課後等デイサービス、保育所等訪問支援、相談支援事業を併設した「多機能型児童発達支援センター As Natural」を開設することができました。

センターを作った場所は静岡県静岡市で、連携している県立こども病院とは車で15分程度の距離にあります。私のセンターを利用する子どもたちは県立こども病院を退院した子どもが多いほか、治療やリハビリなどさまざまな面でセンターの職員が県立こども病院の職員と連携することも多いため、病院と行き来がしやすい場所を選びました。

センターと私が院長を務めるこどもクリニックは構造上は別の建物ですが、すぐに行き来できるように出入り口は隣接しています。また、センターは背後に梶原山公園の山々を望むことができる、緑豊かな場所にあります。

出入り口から入ると、飾り付けられた職員たちの笑顔の紹介写真が子どもたちを出迎えます。写真だけではなく、センター内の壁やベッドなどあちこちには色紙で作った星や動物、草花などの飾り付けが彩りを添えています。センター全体は白と木目を基調とした柔らかい雰囲気で、吹き抜けを活かした高い天井や大きな窓からは明るい光が差し込んでいます。

私が作った多機能型児童発達支援センターの大きな特徴は2つあります。一つは重症度を問わず、どのような医療的ケアが必要な子どもであっても受け入れるということ。医療的ケア児を受け入れる児童発達支援もなかにはありますが、受け入れられる医療的ケアに限界があることもあります。その点、私は小児集中治療の最前線で治療をしていたため、どれほど重症な子どもであっても安心して預かることができるのです。

職員たちの笑顔の紹介写真

もう一つは、やはり隣接した施設に医師がいるということが非常に大きいといえます。そのためセンターで預かっている子どもたちに何か異常があれば私はすぐに飛んでいくことができます。だからこそ、どのような重症の子どもであっても自信をもって受け入れられるのです。

例えばほかの事業所で、看護師を配置して医療的ケア児を受け入れている施設はあります。看護師がいれば、痰の吸引などはできると思います。しかし、突発的な出来事に対して即座に病態を判断し、適切な医療管理を行うことができるのは医師しかいません。私のところでは、何かあればすぐに私が直接診断して、様子を見るのかその場でなんらかの処置をするのか、あるいはすぐさま病院へ搬送すべきなのかが判断できるのです。これは非常に大きな特徴であり、圧倒的な違いだといえます。

開設にあたって非常にうれしかったことは、病院時代から一緒に診療を行ってきた信頼できる看護師やリハビリスタッフなどが協力してくれたことです。私はＰＩＣＵで働いている頃から、周囲にいつかは重症度を問わず医療的ケア児を受け入れる施設を作りたい、と語ってきました。そして、その頃に賛同し協力すると言っていた看護師などのスタッフが、約束どおり参集してくれたのです。これには大いに励まされたものです。

多機能型児童発達支援センターの多機能とは、児童発達支援や放課後等デイサービス、相談支援事業など複数の機能をもつセンターであるという意味です。一般的には、児童発達支援や放課後等デイサービス、保育所等訪問支援、相談支援事業などはそれぞれ別個の事業所として運営されていることが多くなっています。それに対して私のセンターでは、複数の機能を有してそれぞれが互いに連携している点に特徴があります。

未就学児から就学後まで一貫した療育を提供

多機能を有する大きなメリットは、未就学児から就学後まで切れ目なく一貫した療育を提供できることです。児童発達支援とは、小学校に上がる前の未就学児が対象です。児童発達支援に通っていた子どもたちは、小学生になったら今後は放課後等デイサービスへと移行します。児童発達支援と放課後等デイサービスがそれぞれ別個にある場合、児童発達支援で培われたケアの方法や人間関係などは、ある程度は引き継がれるかもしれませんが基本的にはいったんリセットされて、放課後等デイサービスで新たにその子に合ったケアの方法を模索していくことになります。

しかし、医療的ケア児の場合は特にその子に合ったケアを提供しなければなりませんから、児童発達支援でせっかくその子にとってベストなケアが見つかったのならば、できるだけそれを継続して行える環境が望ましいといえます。

そのようなときに私たちのセンターは強みを発揮します。児童発達支援と放課後等デイサービスの両方をもっているため、子どもたちは慣れた人間関係のなかで小学生になってからも引き続きその子に合ったケアを受け続けることができるからです。

また、一つひとつが独立した事業所として運営するのとセンター化することの違いの一つに、人員配置の問題もあります。例えば、それぞれの施設には児童発達支援管理責任者などの職種を配置することが必要です。つまり、独立した事業所であれば事業所の数だけ責任者をおく必要がありますが、多機能センターにすれば責任者は1人配置すればよいことになっています。

これ以外にも人員配置上の特徴があり、看護師や保育士などの専門職もある程度重複して対応できる部分については、1人の看護師をそれぞれの事業所の配置人員としてカウントしてよいなどのルールがあるのです。

センターの核となる児童発達支援事業

私が運営する多機能型児童発達支援センターは、重度の医療的ケア児であっても安心して受け入れることができる施設です。健常児を受け入れるよりははるかに手間が掛かり、医療の面でも療育の面でも高い専門性が必要とされます。

単に看護師というだけではなく、小児のしかも医療的ケアが必要な子どものケアに慣れていなければなりませんし、保育士にしても医療的ケア児の保育に長けた人材が必要です。そのような専門性の高い人材は、バラバラに配置するのではなく1カ所に集約したほうが効率が良いですし、ここを拠点にさらなる人材育成もできます。ですから私はどうしてもセンターとして運営したいと考えたのです。

複数ある事業のなかでも核となるのは児童発達支援事業です。児童発達支援のなかでも私のところでは医療型児童発達支援として、医療的ケアが必要な子どもや重症心身障がい児などの療育を主に行います。ここでは未就学の医療的ケア児を対象に、療育や発達支援、障がい児リハビリなどを提供します。

未就学の医療的ケア児は、静岡市内だけでも50人前後いるとされていますが、ほとんどが自宅で母親と2人きりの生活を365日送っています。ですからせめて日中だけでも子どもは親以外の大人や友達に触れて、親がケアから解放される時間を作るためにもこうしたセンターは重要です。

ここでは単に子どもを預かるだけではなく、その子に応じた発達を支援するためにさまざまなリハビリを提供します。そのための専門職も複数配置されていて、医師である私をはじめとして看護師、保育士、理学療法士、臨床心理士などがチームで子どもの成長を支えます。

一般の発達支援事業所のなかで、1人か2人程度の軽い医療的ケア児がいるといったような事業所はあるかもしれませんが、医療的ケア児のみを対象にしていて、さらにどのような重症度の子どもであっても対応できる発達支援事業所は非常に珍しいといえます。

なお、私のセンターでは重度の肢体不自由と重度の知的障がいとが重複した重症心身障がい児を受け入れているため、自閉症や注意欠陥・多動性障害などの発達障がいの子どもは受け入れていません。重症心身障がい児は寝たきりだったり医療機器を身につけていたりするため、元気に走り回る子どもが何人もいると、例えばぶつかって呼吸器が外れてしまうと子どもの命に関わるからです。そのため、医療的ケアが必要な子どもと重症心身障がい児のみを受け入れていて、発達障害などはほかの事業所にお願いしています。

就学後は放課後等デイサービスで対応

放課後等デイサービスは、基本的には児童発達支援と同じ内容のサービスを就学後の子どもに提供する場所です。就学後の医療的ケアが必要な子どもと重症心身障がい児を対象に、療育や発達支援、リハビリを提供しています。児童発達支援とサービス内容は同じですが、対象年齢が変わります。児童発達支援が未就学児を対象としているのに対して、放課後等デイサービスは小学1年生から基本的には高校を卒業する18歳までが対象です。

また、児童発達支援は親が子どもをセンターへ連れてくるのに対して、放課後等デイサービスはセンターのスタッフが学校まで迎えに行きます。そして学校が終わったあと、放課後の数時間をセンターでリハビリなどをして過ごし、18時頃にそれぞれ自宅へ帰っていきます。

医療的ケア児や重症心身障がい児は、たとえ短時間であっても1人で過ごすことができない子どもが多くいます。そのため保護者の負担軽減のためには、このように放課後に短時間でも受け入れる場所があることは大きな助けになるはずです。

相談支援事業は、病気や障がいがある子どもが児童発達支援や療育などを受けたいと考えたときに、どのような支援が適切かを一緒に考えてサービスにつなげていく仕事です。身体的な病気や障がい、あるいは精神面で発達障害などがある子どもが療育などなんらかの支援を受けたいと思ったとき、すぐに事業所に申し込んでサービスが受けられるというわけではありません。

まずは医師の診断を受けて療育などの対象となる疾患や障がいがあることを証明する診断書を受け取り、それを行政に提出し、受給者証が発行されて初めて児童発達支援事業所などに通う権利が発生します。

しかし、通う権利が生まれたとしても保護者だけでは自分の子どもにどのような支援が必要か判断するのは困難ですし、どのような事業所に通うのが適切かも分かりません。ですから、そうした際に相談支援事業所が窓口となって保護者の相談に応じます。相談支援事業所では、まずはどのような支援が必要かを考えて、その支援を受けられる事業所のなかでもどこの事業所を利用するのがよいかを考えます。そして、どのような支援が必要か決まったら、障害児支援利用計画書を作成して必要な支援が受けられるようにサポートするのが役割です。つまり、介護保険でいえばケアマネジャーのような役割を果たしているのです。

中立的な立場から相談に乗る相談支援事業

相談支援事業は中立的な立場から、その子に合った事業所を選びます。当然のことながら私のセンターの相談支援専門員に相談しても、私のセンターの発達支援事業所に通えるというわけではありません。

相談支援事業に関しては、医療的ケア児や重症心身障がい児だけではなく自閉スペクトラム症（ＡＳＤ）や注意欠陥・多動性障害（ＡＤＨＤ）、学習障がい（ＬＤ）といった発達障害まで含めた障がいのある子どもを対象としています。ですから発達障害などがある子どもに対しては、それに対応した事業所を紹介しています。

そのため相談支援専門員は、地域にはどのような事業所があって、それぞれどのような特徴をもっているかなど、地域の情報に精通していることが求められます。

通う事業所が決まったら、その後は継続してモニタリングして、計画どおりに療育が提供されているか、第三者の視点でチェックします。もしも保護者に不安や悩みがあったら相談支援専門員が事業所と保護者の間に入り、調整役を担うこともあるのです。

なお、私のところの相談支援専門員は、元看護師です。私が県立こども病院時代からずっと一緒に働いていた看護師が相談支援の勉強をして相談支援専門員をしています。そのため医療的な背景への理解も深く、医療機関などとの連携もしやすいところが大きなメリットになっています。

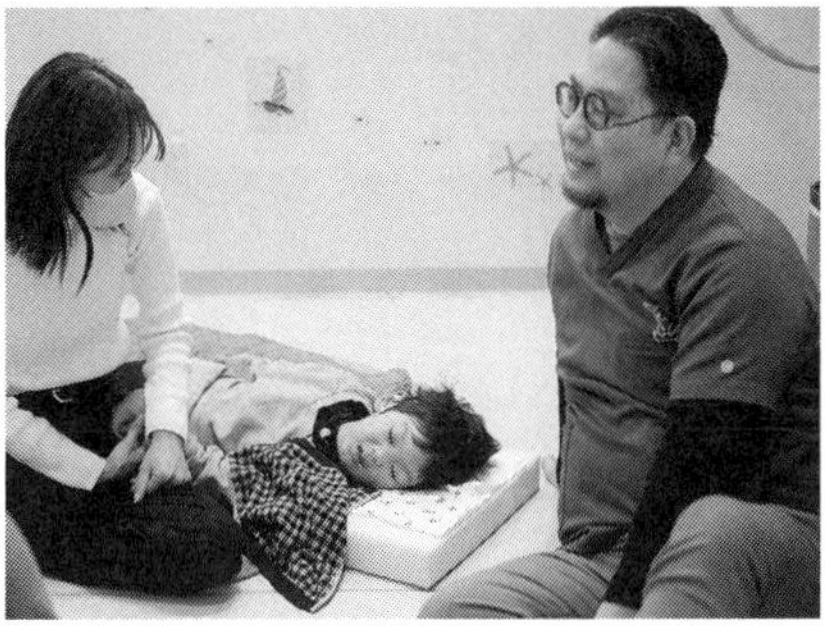
日々の悩みなど保護者との相談は欠かせない

センターの大きな活動の柱は児童発達支援と放課後等デイサービス、そして相談支援事業になりますが、保育所等訪問支援事業も行います。保育所等訪問支援事業とは、障がいのある子どもを受け入れている一般の保育所などに私のところのスタッフが出かけていって、さまざまなアドバイスをする事業です。健常児を主に受け入れる保育所や学校、放課後クラブなどでは、障がいのある子どもを預け入れるノウハウや経験をもっていないことがほとんどです。

そのため私のところの保育士や看護師がそうした場所へ出かけていって、障がいのある子どもが健常児とトラブルなく集団生活を送れるように、さまざまな点からアドバイスをするのです。私のセンターではこうした機能も担っています。

このように私のセンターでは児童発達支援や放課後等デイサービス、相談支援事業、保育所等訪問支援事業など多角的に医療的ケア児をサポートします。センターの定員は児童発達支援と放課後等デイサービスを合わせて最大20人です。医療的ケア児をサポートするために必要な複数の機能を備えていることや、何よりも重症度を問わず受け入れられる点が最大の特徴であり、強みでもあるのです。このようなセンターがあればこそ、医療的ケア児が安心して退院し、地域で暮らすことができるようになるのです。

センターの設立の1年前の2022年から、私は近隣の小学校や幼稚園の校医・園医を務めることになりました。今後はセンターで行っている事業で地域社会、地域医療とも交流していけるように展開させたいと考えています。

私たちの取り組みがモデルケースとなり、地域へ活動が広がっていき、そして全国へ広がっていくことを願っています。

第4章

本来受けるべき保育や教育を提供するために——

発達支援と医療の連携が子どもの未来をサポート

多機能型児童発達支援センターがあることで早期退院が可能に

本来であればすべての子どもは年齢に応じて保育所や小学校に通い教育を受けるようになるはずです。しかし、医療的ケア児が集団保育や教育を受ける機会は皆無といってもよいのが現状です。そこで私の多機能型児童発達支援センターでは、万全の医療体制を整えたうえで、医療と連携した発達支援に取り組んでいます。

多機能型児童発達支援センターでは、9時から15時までは重症心身障がい児や医療的ケア児の未就学児を受け入れて、15時から18時までは放課後等デイサービスとして同じく重症心身障がい児などの小学生以上の年齢の子どもたちを受け入れています。

ここでは日々、本来すべての子どもが受けるような保育や教育、集団生活、親以外の大人との触れ合い、子ども同士の触れ合いなどを経験することができます。

大きな特徴は、すぐ隣に私のクリニックがあって、何かあればすぐに私が医療的な処置を行えることです。重症心身障がい児や医療的ケア児は健常児よりもはるかに健康上のリスクが高いため、集中治療の経験が多い私自身が対応できるメリットは計り知れないと考えています。

医療的ケア児を受け入れていない児童発達支援事業所との違いとして、通ってくる子どもたちがいつ体調に変化が起きても対応できるように、AEDをはじめとしてこども病院に近いレベルの医療機器を備え、迅速に対応できるようにしていることが挙げられます。また、重症心身障がい児などでも利用できる浴室も完備し、センターで入浴もできるように工夫しました。

ルール上、クリニックと児童発達支援センターは別々の建物にしなければならないため、建物同士は別個の造りになっています。しかし扉を開ければすぐにクリニックとセンターが行き来できるようになっているため、子どもたちに何かあればすぐに駆けつけます。

玄関を通らなくても隣接面に扉があり行き来できる

私は普段クリニックで診療をしていて、クリニックの休憩時間はセンターで過ごすことが多くなっています。クリニックの休憩時間は子どもたちの昼寝時間とも重なるため、寝ている子どもたちを見回っては変化がないか観察しています。

子どもたちが昼寝をしている時間は、忙しい職員が一堂に集まってカンファレンスをする貴重な時間でもあります。ここでは週に1回をめどに、気になる子どもを中心に職員同士が療育の様子や食事、リハビリの様子など情報交換を行っています。

私のセンターでは、重症度や医療的ケアの内容にかかわらず軽症者から重症者まで子どもたちを受け入れています。例えば気管切開をして人工呼吸器がついている子どももいますし、胃ろうの子どももいます。あるいは脳性麻痺で体に麻痺がある子どもや染色体異常の子どもまでさまざまです。

しかし、どれほど医療依存度が高い子どもであっても、子どもであればどの子も受けられるはずの経験ができるように日々、職員と努力しています。

何よりも重要なことは、私たちのようなセンターが地域にあることで医療的ケアが必要な子どもたちが早期に、安心して退院できるということです。地域で医療的ケア児に対応できる医療機関や施設がないと、子どもはいつまでもこども病院などの大きな病院に入院し続けなければなりません。しかし、私たちのセンターのように重症度にかかわらず受け入れて、医療的ケアとリハビリ、療育などをトータルで提供できる場所があることで、子どもたちが早期に退院できるようになるのです。

日中は手遊びや戸外の散歩をして過ごす

センターの1日は、子どもたちの受け入れ準備からスタートします。9時から9時30分の間に、酸素の準備や薬用のボックスの準備など、安全に受け入れるための環境を整えるところから始めます。9時過ぎになると次々に子どもたちがやって来るので、体調を確認したりその日に飲むべき薬を確認したりして受け入れを行います。

子どもによっては人工呼吸器や胃ろうのためのさまざまな装置を持ってきて、大きなカバンが3つにも4つにもなることもあります。そうした荷物も、必要な物がそろっているかどうかを確認しながら受け取っていきます。

子どもたちを受け入れたら、熱や酸素濃度などのバイタルサインチェックを行っていきます。また、保護者が毎日ノートに体調や連絡事項を記入してくれるので、それを確認することも必要です。受け入れのときに保護者から聞いた様子、ノートに書かれたこと、そして実際のバイタルサインチェックなどで何重にも子どもたちの体調をチェックしていきます。

子どもたちがそろったら、朝の会を開きます。これは多くの保育所や幼稚園などと同じだと思います。歌や手遊びを交えた朝の会を開き、センターでの1日が始まります。日中の活動は、主に保育士が中心になって行います。

ここでも一般の保育所や幼稚園と同じように、絵本を読み聞かせたり手遊びをしたり、その子の発達に応じたおもちゃを使って遊びます。体に障がいがある子どもも多いですが、天気が良い日には積極的に散歩にも出かけます。散歩では、季節の花や緑を見たり、近所の犬にあい

図10　センターの1日

開始時刻	内　容
9：00	受け入れ準備
9：30	受け入れ・バイタルチェック
10：00	朝の会
12：00	おやつ、朝の活動
13：00	昼ご飯
14：00	お昼寝
14：40	午後の活動
15：00	帰りの会
15：30	帰宅・放課後等デイサービスの迎え
18：00	放課後等デイサービス終了

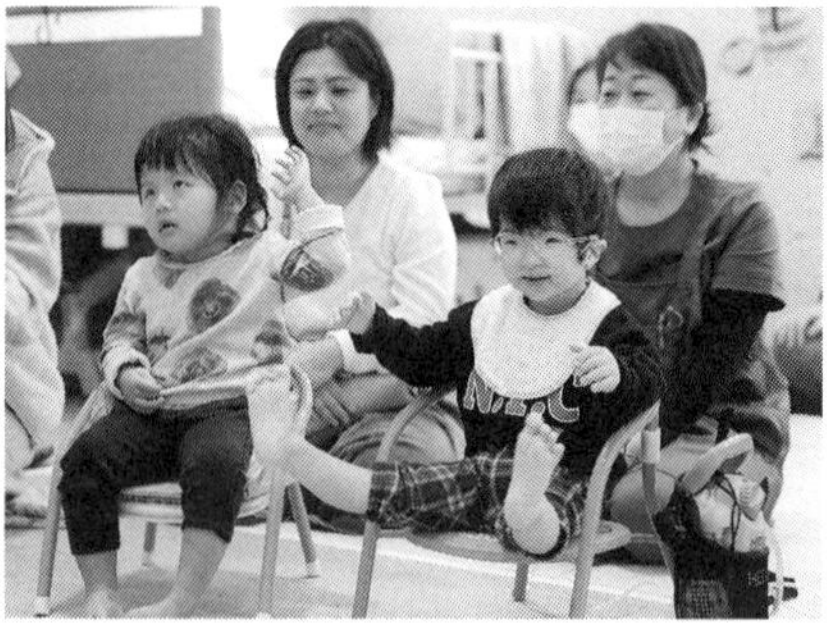

歌や手遊びを交えた朝の会

さつしたり、皆がそれぞれに外の空気を味わいます。バギーに乗って近くの公園に行ったり近所を散歩したりするだけでも、子どもたちには良い刺激になるのです。

一般の保育所などと異なるのは、遊びの間にも医療的ケアが必要な子どもに対しては、常時看護師がケアを行うことです。また、理学療法士が関わって、遊びの合間にも毎日リハビリを提供しています。保育所などではおやつを食べたり水分を摂取したりする時間があると思いますが、私のセンターでは水分摂取といっても鼻に通したチューブや胃ろうから水分を取る子どもなどがいる点が、一般の保育所とは異なる点といえます。このように経管栄養が必要な子どもの食事や水分補給は、すべて看護師が一人ひとり対応していくのです。

経験豊富な看護師が医療的ケアを担当

13時くらいになると、昼ご飯です。昼ご飯は、口から食べられる子どももいれば経管栄養の子ども、胃ろうの子どももいてかかる時間もそれぞれ違うため、一斉に食べ始めるわけではありません。それぞれのかかる時間に合わせて食べ始め、食べ終わったら歯磨きなどを行います。食後はお昼寝の時間になります。子どもたちはお昼寝でしっかり休んでもらい、職員はこの間、必要な打ち合わせやミーティングを行います。

14時40分くらいになると、子どもたちはお昼寝から目覚めます。そして自由に遊びながら過ごし、15時くらいになると帰りの会です。帰りの会では座れる子どもは皆、専用の椅子などを使って並び、歌や音楽を楽しみます。15時30分になると保護者が迎えに来るので、その日1日の様子を伝えながら子どもを受け渡し、児童発達支援の1日は終わります。

児童発達支援は15時30分で終了ですが、そのあとは同じ場所で放課後等デイサービスの受け入れを行います。今は未就学児の発達支援が中心になっているので放課後等デイサービスの人数は多くはありませんが、放課後等デイサービスでも基本的に児童発達支援と同じようにリハビリや療育を提供しています。

児童発達支援は保護者が送迎を行いますが、放課後等デイサービスでは学校の終わりにセンターの職員が迎えに行き、15時から18時頃までセンターで過ごして18時になると保護者が迎えに来て1日の活動が終了します。

ここまでが、児童発達支援と放課後等デイサービスの1日の大まかな流れです。

ほかの児童発達支援や放課後等デイサービスで医療的ケア児を受け入れているところでは、看護師が1人しか配置されていなかったりいる時間が限られていたりするなど、提供できる医療的ケアに限界があるケースが目立ちます。それに対して私のセンターでは気管切開をしている子どもの痰の吸引や経管栄養、体位変換までどのような医療行為であっても制限なく行っています。

通っている子どものなかには、麻痺があって自力ではまったく体を動かすことができない子どももいます。そのような子どもに対しても、体に負担がかからないようにこまめに体位変換をしたり呼吸を楽にする体位を工夫したり、痰を出しやすいようにサポートしたり、経験豊富な看護師たちがさまざまな視点からケアにあたっています。

ひと口に医療的ケアといっても、程度の軽いものから重度のものまで実にさまざまです。私のところには麻痺や染色体異常などで肢体不自由になった子どもも通っていますが、この子たちのなかには日常的には特別な医療的ケアを必要としない子どもも多くいます。

しかし、医療的ケアは必要としなくても発達障害などの障害とも性質が異なるため、そうした肢体不自由の子どもを児童発達支援事業所で受け入れることもしばしばあるのです。そのため私のところでは、医療的ケアをしていなくても肢体不自由などがある子どもは定員に余裕があるときは受け入れるようにしています。

人工呼吸器と胃ろうが必要な最重症の子どもも受け入れる

反対に、ほかではとても受け入れることができないだろうというような非常に重症度の高い子どももいます。例えばある子どもは、胃ろうと人工呼吸器のどちらも使っていて、自分ではまったく体を動かすこともできずに寝たきりで、背骨も大きく曲がってしまって上を向いて寝ることができない状態です。

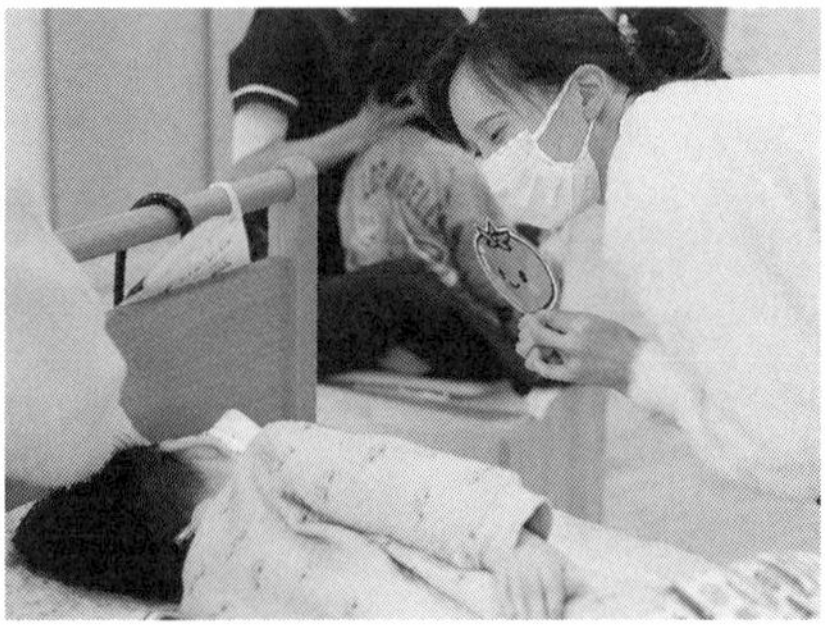
寝たきりの子もベッドの上でリハビリ

この子の場合、空気の通り道である気管などの部分の組織が軟らかくなることで、気管が塞がれてしまって自力で呼吸ができませんでした。そのため気管切開して人工呼吸器につなぎ、呼吸を助ける行為が必要だったのです。

日中は主にベッドの上で過ごし、リハビリなどもベッド上で行います。しかし、ベッドの上といっても、健常者のような寝方はできません。背骨の変形がひどいため、まっすぐ上を向くことはできません。ですからただ寝かせるといってもどうすれば楽に寝られるか、さまざまな体位を考えているのです。

タオルを何枚も重ねて体を少し傾けてあげたり、血流が悪くなって皮膚がただれてしまう褥瘡になったりしないように、体重の負荷が分散するような寝かせ方を工夫しなければならないのです。また、唾液がうまく飲み込めずに絶えず唾液が垂れてくるため、放っておくとむせ込んで誤嚥になってしまいます。そのような状態を防ぐために、この子専用の高さの枕を作り、ちょうど良い角度に寝かせて唾液が気管に入らないようにも配慮します。

また、人工呼吸器や胃ろうなど体にチューブが装着されているため、それぞれが絡まったりして機械に影響が出ないようにすることも必要です。そのため私のところではベッド上の装置の高さなどをすべて測って、ウレタンマットなどの素材を自分たちで適切なサイズに切って加工し、ベッドの上でそれらの装置がうまく収まるようにも工夫しているのです。

このように、一見するとただ寝かせているだけに見える子どもでも、その子の状態がベストになるように細かいところを調整しながら寝かせる必要があります。

センターができて引きこもり生活から解放された母子

この子どもに関しては、私のセンターができるまではどこにも通う場所がなく、母親が1人でずっと自宅で何年間も子どもを見ていました。その間、母親はほとんど自分の時間などもてなかったと思います。なぜずっと1人で見ていたかといえば、子どもを安心して預けられる場所がなかったことと、そもそもこれほど重度の子どもを預かってくれる場所などないからです。

自分の大切な子どもを受け入れてくれる場所がないことは、時に親の心をかたくなにしてしまいます。そのため、母子は何年間も自宅に引きこもり同然の生活を送っていたのです。そのようなかで私のセンターができ、ようやくずっと自宅にこもっていた生活から何年かぶりに解放されました。私のところの看護師は、ＰＩＣＵで超重症な子どものケアを経験してきたため、どんなに重症度の高い子どもでも問題なく受け入れることが可能です。

センターに通い始めてしばらくした頃「久しぶりに、少しだけゆっくり眠れる時間ができた」とうれしそうにしていた母親の笑顔を忘れることはできません。

重症心身障がい児であっても医療的ケア児であっても、子どもである以上は存分に遊び、楽しく過ごすことがとても大切です。その意味では、医療的ケア児の保育に長けた保育士たちが、毎日知恵を絞って子どもが楽しく過ごせるように工夫しています。医師や看護師がどうしても医療者の視点で子どもを見るなかで、保育士は子どもを楽しませようという視点で接してくれるので、子どもにとっては非常に良い環境を提供できていると思います。

医師や看護師は医療の面からベストな対応を考えて、理学療法士は機能を向上させるためにどうすべきかを考えます。これに対して保育士は、何をすれば子どもが喜ぶかという視点で考えるため、トータルではバランスが取れるのです。

具体的には、朝の会や帰りの会では子どもが好きそうな歌や絵、手遊びを取り入れて子どもを楽しませます。寝たきりの子どもなどにもその子にできる範囲で参加してもらい、刺激を与えることで発達を促します。

新聞遊びは発達のツール

日中の活動では、皆でやる活動と個別でやる遊びの両方を行います。取り入れている活動や遊びには、例えば「新聞遊び」などがあります。新聞遊びは通常の子どもの保育所や幼稚園でもよく取り入れられている遊びだと思いますが、療育の観点から見ても非常に良い効果が期待できる遊びの一つです。

新聞は、触るとざらざらしていたりぐしゃぐしゃに丸めることができたり、持って動かすと音がしたり、子どもの力でも簡単に破ることができたりと、五感を刺激することができます。そのため健常児にとっても療育が必要な子どもにとっても、とても便利な遊びと発達のツールになるのです。

しかし、健常児と異なる点は、新聞を出して目の前で広げても、なかなか興味をもつことができない子どももいることです。子どもの障がいによっては、新しいおもちゃなどを示しても興味をもつことができなかったり、あるいは上手に目の前の物を認識できなかったりすることがあるからです。

そのような子どもに対しては、すぐに破ったり丸めたりして遊び始めるのではなく、まずは新聞そのものを見て認識するところから始めることもあります。あるいは新聞紙の上に座ってみて、慣れるところから始めることもあるのです。

関わり方は本当に子どもによって千差万別です。空間を認知する能力が弱い子どもや、決められたスペースのなかならば積極的に動ける子どもの場合であれば、子ども用のプールのなかに新聞紙を敷いてみて、まずはそこに入るところから取り組む場合もあります。健常児であれば、例えば大きなプールにちぎった新聞紙を入れておけば皆、自由に楽しんで遊び始めます。しかし、私のところではそれぞれの子どもにとって受け入れられる範囲で少しずつ活動を促しています。

子どもの特性や発達状況に応じて活動内容を工夫

その子の受け入れに応じて活動方法を変えていくのは、個別の遊びでも同様です。一般的には、子どもの前におもちゃを持っていけば子どもはそれぞれに興味を示して遊び始めることが多いと思います。しかし、障がいのある子どもの場合はそれ自体が難しいことがあります。何よりもまず、おもちゃに触ることができない子どもがとても多いのが特徴なのです。

どうして触れることができないのかという理由もその子によってさまざまですが、例えば新しいおもちゃに恐怖を感じる子どももいれば、そもそもおもちゃが目の前にあることを認識できない子どももいます。

そのため、保育士とマンツーマンでまずはおもちゃに触れることをゴールに活動を始めます。ツルツルの素材だと触りやすいのか、それとも柔らかい素材がいいのか、子どもによってどのような素材のおもちゃであれば触りやすいのかを一つひとつ試していくのです。

おもちゃではありませんが、障がいのある子どもは自分の顔の前に何かが降りかかったとしても、それを手で払うことができない子どもが多くいます。通常私たちは、顔に何か降りかかったら反射的に手で払うと思います。しかし、自分の顔に何かがついても払おうとしない子どもがとても多いのです。障がいの種類や程度によって理由はさまざまですが、顔に何かが降りかかってもそれを認識していなかったり、認識したとしても思うように手が出なかったりするといった理由から、サッと手を出して払うことができません。

おもちゃに触れる

ですから、こうしたことに対しても保育士などがあの手この手で目の前の物にまずは興味をもち、そして手を出して触れるということを促していきます。どのような場所であれば子どもが最も手を出しやすいのかを工夫したり、静かな環境のなかマンツーマンで、声をかけたり歌を歌って和ませたり、工夫をしながらまずは目の前の物に手を伸ばすということに取り組んでいるのです。こうした活動を保育士は保育の観点から遊びとして取り組み、リハビリは機能を回復するプロとして理学療法の観点から取り組んでいます。

パラバルーンで感覚統合をトレーニング

このほかにも五感を使った遊びはたくさんあります。例えばパラバルーンは積極的に行っている遊びの一つです。これも、健常児の幼稚園などでもよく取り入れられています。パラバルーンとは、カラフルで丸く、軽い布を広げて動かしたり形を作ったりして遊ぶ道具です。カラフルな布が視覚を刺激しますし、布を大きく広げてさまざまな形を作るなど、表現を楽しむことができます。

健常児の場合は子ども自身が布を持って表現しますが、私たちのところでは保育士や看護師が布を持って表現します。それでも目でその布を見るだけでも、子どもにとっては非常に良い刺激になるのです。

シーツブランコもタオルケット1枚でできる、五感を使った遊びです。子どもを仰向けでシーツの上に寝かせて、職員が両端を持って、歌いながら優しく揺らします。順番を待って一人ひとりやっていきますが、これは感覚統合のトレーニングにつながります。

感覚統合とは、複数の感覚を整理したりまとめたりする脳の機能のことです。私たちは五感などを通して周囲の環境から情報を得て、それを脳内で整理・統合することで身の回りの状況を把握しています。しかし、障がいがある場合、この感覚統合がうまくいかない子どももいるのです。そのためリハビリで感覚統合のトレーニングをすることもあります。

遊びによる感覚統合という点では、新聞遊びもシーツブランコも感覚統合に役立ちます。シーツ遊びではシーツを持ち上げたときに、シーツに乗っている子どもは全身で重力の感覚を味わうことができます。また、体を覆って優しく揺らすことで、落ち着きがなかった子どもが静かになるなど精神面に働きかける効果も期待できるのです。

理学療法士と保育士が連携しながら発達を促す

こうした遊びは、純粋に子どもたちを楽しませるために行う遊びもあれば、リハビリ目的で行う遊びもあります。日中どのような活動をするかは、理学療法士や保育士が密に連絡を取りながら、内容を細かく考えています。

保育士は理学療法士が行うリハビリの様子を見ながら、一人ずつどこまでのことができて、どこからできないのかを把握することができます。そのうえで、その子の発達に応じた遊びや活動を工夫するのです。そして、日中の活動でできた内容などを再び理学療法士にフィードバックすることで、理学療法士は次のリハビリ内容を考えていくことができます。このように医療やリハビリ、そして保育の担当者が連携を取ることで、スムーズに発達支援を行うことができるのです。

センターに通っている子どもたちの特徴として、音や光、匂いなどの刺激に非常に敏感だったり、初めてのことに出会うと強いパニックを起こしたりすることが挙げられます。例えば季節ごとにイベントをしますが、あるときクリスマス会の練習で楽器遊びをしようとしました。そのとき、初めは目の前に置かれたタンバリンをうれしそうに叩いていた子どもが、皆で合わせて演奏しようとしてピアノが鳴った途端に、「ウーッ」と大きなうなり声を出してパニックになってしまったのです。

おそらく、自分一人でタンバリンを叩いていたときは順調だったものの、ピアノが鳴ったりほかの子どもが鈴を鳴らしたりして、さまざまな音が混じり合った状況に驚いて、不安定になってしまったのだと思います。このように、センターに通う子どもは初めての環境や慣れない刺激に対して強い不安を感じることがあるのです。

これに対しては、とにかく刺激に慣れてもらうことが大切です。1回2回の取り組みで慣れることはできませんから、1カ月や2カ月など時間をかけて同じ遊びや活動を繰り返し、その刺激に慣れてもらうのです。

刺激に慣れないという点では、新聞遊びなどでも同様のことが起こる場合があります。新聞を触るのが初めてだと、新聞同士が擦れ合うカシャカシャした音に対して恐怖を感じるのだと思います。しかし繰り返し活動を継続することで、やがては不安なく新聞に触ったり丸めたりすることができるようになります。ですから関わる保育士や看護師、理学療法士などは根気よく向き合っていくことが求められるのです。

センターで人工呼吸器の離脱トレーニングも

集中治療に長けた医師がすぐ近くにいることにはさまざまなメリットがありますが、そのうちの一つはこども病院などと同様の医療的処置ができることです。一例を挙げるとすれば、人工呼吸器の離脱トレーニングです。人工呼吸器の離脱トレーニングとは、人工呼吸器を外して自発呼吸が安定するように訓練することです。

人工呼吸器をつけている子どもは、必ずしも一生人工呼吸器を必要とするとは限りません。身体的にさまざまな条件がそろえば、少しずつ人工呼吸器を外していって、うまくいけばまったく装着しないで過ごすことができるようになるケースもあるのです。

人工呼吸器を離脱するにはいくつかの手順や段階がありますが、通常は県立こども病院のような大きな病院に通いながら行うことが必要です。しかし、このセンターでは私が日中ずっと近くにいて評価できるため、本来ならば専門の病院で行うような呼吸器の離脱もサポートできるという強みがあります。

人工呼吸器の離脱については、トライアンドエラーの連続です。どうやっても離脱できなさそうな子どもは、呼吸器を外した途端に呼吸がおかしくなるためすぐに分かります。しかしそうではない場合、離脱に向けて条件が整った子どもは、１日のうち短時間だけ呼吸器を外す時間を作って、それを少しずつ長くしていきます。

最初は30分や1時間程度の短時間外してみて、その間に呼吸数がどのように変化するか、息苦しさを感じたときに行う努力呼吸が出るかどうか、体の酸素濃度が低下するかどうか、二酸化炭素がたまっていくかどうかといったことを細かくチェックして評価していきます。そうして様子を見ながら、少しずつ呼吸器を外している時間を増やしていくのです。

実際に先天性の奇形症候群の子どもが私のセンターに通うなかで、最初は日中のみ呼吸器を離脱する練習をして、最終的に呼吸器を使わなくても済むようになったケースもありました。これもまさしく、医療的ケア児の治療に長けた医師がすぐ近くにいるセンターだからこそ可能な対応なのだと感じています。今後も呼吸器を使わなくてもよい子どもを増やしていきたいと思います。

職員がマンツーマンで「自分で食べること」を応援

食事に関しては、口から食べられる子どもは保育士がサポートしますが、口から食べられる

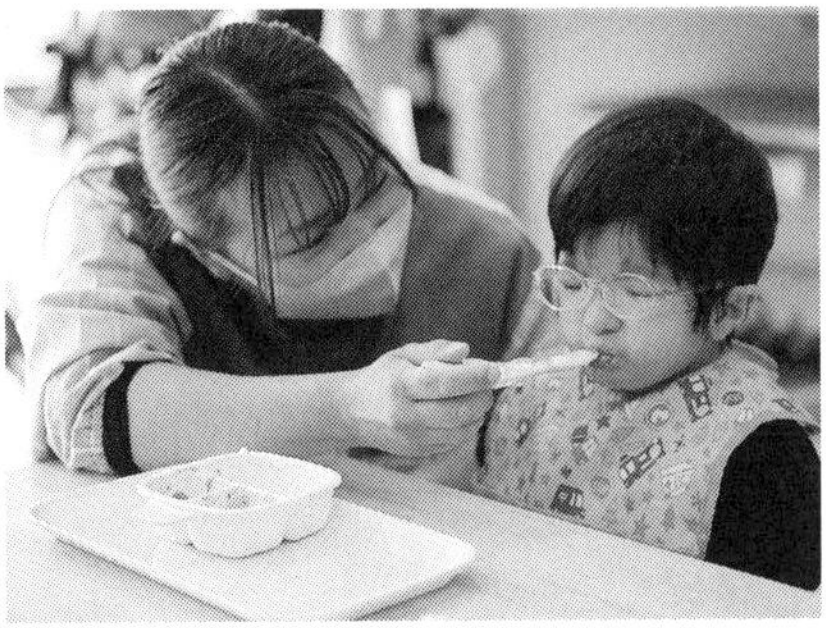
自分で食べることを応援

といっても通常どおりの成長をしている健常児とは大きく異なります。例えば健常児であれば、2、3歳くらいになれば目の前にご飯が置かれたら、自分で手を出してつかもうとしたり、スプーンやフォークを使おうとしたりします。

しかし、私のセンターに通う子どもたちは必ずしもそうではありません。目の前にご飯が置かれても、まったく興味を示さなかったり、そもそもそれがご飯であることすら認識していなかったりするケースもあるのです。ご飯を認識できない理由はさまざまですが、例えば長く経管栄養をしていてその後、口から食べるようになったとすると、普通の子どもにとってのご飯やおやつを見てもそれがおいしいものだと理解することができないこともあります。

あるいはさまざまな障がいによって自分で手づかみなどによってご飯を食べてきた経験がなく、食事は主に介助されて食べてきた子どももいます。そのようなケースでは、食事とは口を開けていれば自然と入ってくるものと認識してしまい、目の前にご飯が置かれても手を伸ばそうとしないこともあるのです。

手で物をつかむという動作自体はできるとしても、目の前に置かれたご飯に興味をもてなかったり、反対に恐怖心をもってしまって手を出さなかったりすることもあります。これはおもちゃも同様で、センターに通う子どもたちは、初めてのおもちゃは触ることができなかったり、触ることはできたとしてもつかんで自分のところへ持ってくることができなかったりする子どももいます。

そのような子どもの場合、適切な声かけや動作を促すことなどによって、まずは食事に興味をもってもらうことからスタートします。ご飯を目の前に持っていって認識してもらい、その後、食べるという行為自体を意識してもらう必要があります。子どもによってはひたすら自分で食べようとするのを待ってみたり、あるいはまずスプーンを持ったりするという動作から訓練することもあります。

つまり、健常児に対するように、目の前にご飯を並べて「さあ、召し上がれ」とはいかないのです。子ども1人に対して職員がほぼマンツーマンで付き添って、長い時間をかけて食べる練習をしていくことが必要だからです。

療育でできることが増えれば、将来の選択肢が広がる

これについても医師である私が体の状態を診て、リスクなく食べられているかなどの観察は看護師が行い、食べることへの興味は理学療法士や保育士が連携して行い、医療の側面と

発達支援の側面の両面から子どもの発育をサポートしている事例だと感じます。食事一つをとっても、医師の視点や看護師の視点、理学療法士の視点、保育士の視点、臨床心理士の視点など必ずしも医療者だけではないさまざまな職種がそれぞれの視点で、どうすれば子どもに食べてもらえるかを考えて、アイデアを出し合っているのです。

このように、病院の外で子どもたちの発達支援に関わることは、私自身にも非常にやりがいがある仕事です。正解がないことも多々ありますし、責任は重大です。しかし、私たちの関わり方によって、子どものその後の人生に大きな影響を及ぼすと日々実感できるからです。

私たちの関わりが、子どもの将来に影響を及ぼすと考える事例はたくさんあります。障がいがある子どものなかには、誤った学習をしたまま成長してしまった子どももいます。例えば強度行動障害という障がいがある場合、気に入らないことがあると何時間でも泣き叫んだり周囲に暴力を振るったり、自分自身を傷つける行為をしたりすることがあります。

これは一種の二次的な障害であり、自分自身の気持ちが伝わらないことによるいらだちなど、コミュニケーションの取り方によって対応できることがあるのです。この対応を私たちが誤ると、子どもは正しい対処法を学ばないまま成長してしまい、暴力行為などを自制することができなくなってしまうこともあります。その場合、将来的に学校や施設などさまざまなところへ入りたいと希望しても、希望の施設から入所を断られてしまうこともあるのです。

実際に、染色体異常がある子どもで、通い始めた当初は自傷行為が強い子どもがいました。ぐずったり気に入らなかったりすることがあると、床や壁にガンガン頭を打ち付けて不満を表すのです。特性上、その子どもは相当に強い刺激でないと自分のなかに刺激として伝わらなかったため、一度壁や床に頭をぶつけだすと非常に激しい勢いでぶつかるため最初は職員も手に余ると感じました。

しかし、少しずつコミュニケーションの方法を工夫したり不安を感じたりしないような対応を意識していくことで、数カ月通ううちに自傷行為が減っていくようになったのです。まだまだ気分によってムラがありますし、自傷行為が完全に収まったわけではありません。しかし、このような変化を見ていると自分たちの関わりによって子どもに良い影響を与えることができるのだという自信につながります。

センターで療育やリハビリをすることでその子にできることが増えれば、将来にも大きな影響を及ぼすはずです。また、今でもこども病院で救命に奮闘している医療者たちからすれば、私たちがここで成果を上げることで、安心して子どもたちを退院させることができるのです。このように考えていくと、病院で取り組んできた急性期の医療とはまったく違うやりがいがあるのだと、私自身は日々実感しています。

子どもと毎日向き合うことで変化に気づける

私は長くこども病院のＰＩＣＵで働いてきましたが、病院で過ごす時間はその子の人生のわずか一瞬を切り取ったにすぎません。どれほど難しい治療をしたとしても、それはあくまで子どもの人生の一部なのです。それに対して多機能型児童発達支援センターでは、子どもと日中の６時間ずっと向き合い、それを週に何日も繰り返し、その関わりは場合によっては年単位で継続することができるのが大きなメリットだと感じています。

毎日子どもと向き合い、１日を通してどのようなリズムで生活しているのかを見ることは、その子の治療や療育にとっても大きな意味があります。毎日見ていると、ちょっとした変化にもすぐに気づいてあげられるからです。

例えば寝たきりの子どもを例に挙げると、体のどこかの部分に筋肉の組織が固まって動きが悪くなる拘縮《こうしゅく》が進んできたことにもすぐに気づくことができますし、唾液の飲み込みが悪くなってきたというようなことにも気づくことができます。そのため、今は気管切開をしていない子どもであっても、毎日の様子を見ているなかでそろそろ気管切開をしたほうがいいというタイミングも適切に判断ができるのです。

これが病院で外来通院のなかで見ているとなると、何かトラブルが起きて初めて気管切開をするという判断をすることもあります。しかし、日常的に医師である私自身や医療的ケア児に慣れた看護師が子どもたちを観察しているため、トラブルが起きる前に変化に気づくことができるのです。そしてその情報を病院や主治医にフィードバックすることもできます。

これは多機能型児童発達支援センターにクリニックが併設されていて、医療的ケア児の対応に慣れた医師が常時そばにいる大きなメリットといえます。

クリニックを併設することで親の負担を軽減も

実際に、センターへ来た子どもを私が最初に診察した瞬間、ケアの不具合に気づくこともあります。ある子どもは、見た瞬間、つけている医療機器がその子どものサイズにまったく合っていなかったこともありました。

その子どもは、障がいを負った最初の頃だけ大きな病院で治療し、その後は何年間も在宅診療と訪問看護だけを利用していました。そのため何年も前のその子に合ったサイズの医療機器を、成長してからもずっと利用し続けていたのです。私はその子を見てすぐにおかしいことに気づき、すべて現在のその子に合った医療機器へ替えていきました。

このほか子どもの体調不良時に、すぐに保護者を呼び出さなくてよい点もメリットといえます。一般的に保育所や幼稚園では、少しでも熱が出たらすぐに親が呼び出されて病院を受診するように促されます。これは、実は親にとってはとても大きな負担になるのです。

しかし私のセンターでは、ちょっと熱が出たり体調が悪くなったりしたときでも、すぐに私が行ってその場で診察することができます。ただの風邪であれば様子を見ることもありますし、熱が高ければクリニックに連れて行ってX線を撮影し、肺炎などになっていないかを確認します。もしも肺炎になっていてもセンターにいる間に点滴をして抗生剤を入れるなどの治療をすれば、入院しないでセンターに通いながら治療を受けることもできるのです。このような点は、熱が出たらすぐに保護者が呼び出される一般の保育所などとの大きな違いといえます。

理学療法士が常駐して毎日リハビリを実施

医療的ケア児は乳幼児の頃からリハビリを行うことが、その後の発達には極めて重要です。多くの医療的ケア児が、県立こども病院のような大きな病院の外来に通ったり、通うのが難しい場合は訪問リハビリなどを利用したりしながらリハビリを受けています。

私のところでは、理学療法士が常駐していて、通っている子どもたちは毎日リハビリを受けられるのが大きな強みとなっています。通院や訪問リハビリなどであれば、どうしても週に1回など頻度が限られてしまいます。しかし、毎日リハビリを受けられることで子どもの機能を大きく伸ばす可能性が高くなるのです。

そもそも、子どもと大人のリハビリには大きな違いがあります。それは、大人は一度すべての機能を習得しているということです。大人は一度機能を習得し、その後、病気やケガによって機能を失ってしまったため、再び機能をもとに戻すためにリハビリをします。ですから、「re：再び」「habilitation：能力を獲得する」で「リハビリテーション」なのです。

これに対して小児のリハビリでは、一度も獲得したことがない機能を獲得していくことをサポートする必要があります。立つことや座ること、歩くこと、食べることなど、どれもゼロから子どもたちは機能を獲得していかなければならないのです。

もう一つ大きな違いは、子どもは成長していくということです。リハビリをするには骨格をはじめとして体の作りをしっかり見ていく必要がありますが、大人の体はすでに出来上がっているのに対して、子どもはリハビリをしている最中も体そのものが変化していきます。

そのため、同じ障がいであっても大人に起これば日常生活に大きな支障は出ない場合でも、子どもに起こると成長して身長が伸びたり体重が増えたりする過程で、体を支えきれなくなってさらに状態が悪化してしまうこともあるのです。子どものリハビリでは、成長の結果どのような方向に進んでいくのかを見極めなければならないという難しさがあります。

さらにいえば、モチベーションの違いもあります。大人であれば「もう一度歩きたい」「もう一度自分の口で食べたい」「社会復帰したい」など、失った機能を再び取り戻したいというモチベーションが生まれます。以前できたことを再びできるようになりたいからこそ、つらいリハビリであっても耐えて努力するのです。

これに対して小児の場合では、そもそも一度も歩いたことがなかったり、一度も口から食べたりしたことがなければ「口から食べたい」「自分の足で歩きたい」という強い欲求は生まれません。経験したことがないことに対しては、強いモチベーションなど生まれようがないのです。

強いモチベーションが生まれなければ、当然のことながらつらいリハビリなどできるはずがありません。子どもは単に楽しいこと、うれしいことだけをやりたいと思うはずです。このように経験したことがないことをゴールとして、私たちは子どもをそのゴールに向かって導かなければならない点が大人との違いであり、小児のリハビリならではの難しさでもあるのです。

理学療法士によるリハビリ

このように小児と大人では、リハビリの難しさがまったく異なります。これに加えて私のセンターでは、医療的ケアや障がいによって運動や活動、あるいは栄養などにさまざまな制限があるなかでリハビリをしなければならないという、さらに高いハードルがあります。

赤ん坊の頃から適切に潜在能力を見極める

いくつものハードルがあるなかでのリハビリはそれだけでも非常に難しいものですが、何よりも大切なことはその子の発達の予測を立てて、適切なゴール設定をするということです。例えばどれほどリハビリをしても絶対に歩けるようにならない子どもに対して、歩けるようになることをゴールにしてしまうと、子どもにとっては大きな負担になってしまいます。

私たちのセンターには県立こども病院で長年小児のリハビリに携わってきた理学療法士も協力してくれています。熟練の理学療法士が見れば子どもが2〜4歳くらいの時期に、どこまで機能が伸びるかということもおおよその目安が分かるそうです。

また、立ったり歩いたりといった身体機能の発達は7歳頃がピークといわれていて、それ以降は基本的に動作習得のスピードは落ちていきます。もちろん、子どもによっては7歳以降も伸びることもありますし、身体機能の発達はピークを迎えても、それ以降は社会的に必要な能力を獲得することもあります。

ですから私たちがすべきことは、まずはその子が赤ん坊の頃から適切に潜在能力を見極めることです。そして、医療的ケアなどさまざまな制限があるなかで、どの能力をどこまで伸ばしていけるか、適切なゴール設定をすることが求められます。さらにはリハビリを継続しながら絶えずゴールを見直して、動作習得のスピードがピークを迎える7歳に向かっていくことが重要です。

その意味では、私のセンターは0歳児から受け入れて、常勤の理学療法士による毎日のリハビリが行えるため、子どものもつ能力を最大限に伸ばすためにはベストの環境といえます。また、私自身が県立こども病院で多くの子どもがリハビリするのを見てきたため、どこまでならばやってもいいのか、どこまで行えば次の医療に進むべきなのかということも理解しています。

その子が受けている医療的ケアが重度であればあるほど、リハビリも慎重に行わなければなりません。例えば人工呼吸器を装着している子どもで酸素の値が不安定だった場合、リハビリを中止すべきか痰などを出せば安定するか、さまざまな状況から判断しなければなりません。あるいは便秘一つをとっても、純粋に便秘なのか腸の病気によるものなのか、多くの可能性から適切な状況を考えなければならないのです。

このようなとき、もしも医師が常駐していないリハビリ施設であれば、ささいなバイタルサインの変化などでもすぐにリハビリを中止して家族を呼んで、家に連れ帰ってもらうか病院を受診してもらわなければなりません。

大人にとっての回復期リハビリ病院のような役割を果たす

また、そもそもの話として医療的ケア児がリハビリを受けられる施設自体がほとんどないという現状があります。医療的ケア児を預けられる施設自体も極めて数が少ないですし、ただ預かって看護師が医療的ケアをしてくれる施設はいくつかはあったとしても、そこで質の高いリハビリまで受けられるとなると私自身はほとんど聞いたことがありません。

急変の可能性などさまざまなリスクを抱える医療的ケア児のリハビリは、どこも負担が大き過ぎて引き受けられないのだと思います。そのため、現状では医療的ケア児がリハビリを受けられる機会は非常に限られてしまっているのです。しかし私のセンターでは小児集中治療を経験した医師と看護師、理学療法士が連携することによって、どれほど重症の子どもであっても、その子に合ったリハビリを実施しています。どのような子どもであっても、その子なりにできることはありますし、可能性を少しでも引き出してあげたいと職員全員が思っているからです。

また、ここは病院ではなく生活の場であるということも特徴です。安心して過ごせる生活の場でありながら、同時に病院と同じレベルのリハビリが受けられるというのは子どもの発達にとって大きなメリットになります。

通常、大人のリハビリであれば急性期の病院を退院したあとに回復期リハビリ病院などに転院し、そこで数カ月間集中的にリハビリを行います。そこで機能を回復させたうえで、在宅へ移っていくのです。

ところが子どもの場合は、大人のような回復期リハビリ病院にあたる施設がありません。そのため、こども病院などが回復期のリハビリ機能も担っているのが現状です。そしてある程度まで機能が回復したら、次は訪問リハビリによってリハビリを継続するのです。

訪問リハビリは、自宅に理学療法士などが訪問して行うリハビリです。外来のリハビリに通院できない子どもにとって、訪問リハビリはとても良いサービスだと思います。その一方で、自宅で行うリハビリというのは、どうしてもさまざまな制限が生まれてしまうのです。

例えばリハビリで本当ならばできるだけ立たせて歩かせなければならない子どもがいたとしても、自宅ではなかなか十分にスペースを取ることができずに必要なだけ動いたり歩いたりできないことはよくあります。また、リハビリには各種の道具を使いますが、自宅では必要な道具をそろえることもできません。

もちろん自宅訪問にはメリットもあって、子どもがどのような環境で暮らしているのかを知るには訪問はとても有効です。しかし一方でリハビリをするという意味では非常に制限が多く、訪問リハビリでは子どもの能力を最大限に引き出すことはできないことが多いのです。そのため私のセンターのような場所で、毎日リハビリができる意義は非常に大きいといえます。

寝たきりでも、どれほど重症でもできるリハビリはある

人工呼吸器をつけていたり胃ろうをしていたり、なかには寝たきりに近い重症の子どもでもできるリハビリはあります。

例えば私のところでは、気管切開をして呼吸器をつけているほとんど寝たきりの子どもに対して、うつ伏せにするリハビリを行うこともあります。うつ伏せにしても安全なように、さまざまなマットを使って骨折などのリスクを排除してリハビリを実施します。

なぜ、うつ伏せにするかといえば、痰を有効に出すためにはうつ伏せが非常に効果的だからです。仰向けで寝続けていると、背骨の重みが加わって背骨は次第に硬くなってしまいます。そのためリハビリでは肋骨や背中を解放して、呼吸で体を動かして、背骨が軟らかい状態をキープするためにさまざまなリハビリをするのです。

もちろん、リスクの高い子どもに対しては、ずっと寝たきりにさせておけば何もトラブルは起こりません。そこをあえてリスクを取ってリハビリをするのは、そのほうが子どもの長期的な予後に良いからです。寝たきりの子どもだからといって呼吸器だけをつけて寝かせたままにしておけば、どんどん体は硬く動かなくなって痰を出すのも難しくなってしまいます。そうなると、痰が気管に入って肺炎などのリスクも高くなるかもしれません。そうならないように、

できるだけ子どものＱＯＬを高くするためにも、寝かせっぱなしにしないで積極的にリハビリをすることが重要なのです。

寝たきりの子どもをうつ伏せにしたり、支えて立たせたりして筋骨格を育てる

子どもの重症度については「走れる」「歩ける」「歩行障害」「座れる」「寝たきり」の5段階に分ける考えが一般的です。重症度が重い「寝たきり」「座れる」の分類に入る子どもは、ちょっとした感染症にかかっただけでも命が危なくなる段階なので、とにかく健康が最優先になります。

肺など体のさまざまな臓器は、生まれてからおおよそ3年くらいの間にどんどん細胞数が増えていきます。健康を維持するには、肺ならば肺の細胞を失わないことが何よりも重要です。感染症にかかると肺の細胞が壊れてしまうので、とにかく絶対に感染させないこと、万が一感染したら一刻も早く痰を出して細菌やウイルスを排出することが重要なのです。

ですから、少々のリスクを取ったとしてもうつ伏せにして必ず毎日痰を出せるような体を作らなければなりません。そうしてＱＯＬを維持していくことが、特に重症度がレベル5の子どもにとっては重要になるのです。

うつ伏せにするだけではなく、寝たきりの子を支えながら立たせるリハビリもあります。これは、その子が最終的に歩けるようになることを目指して行うのではなく、やはりＱＯＬを維持するために必要なリハビリです。

なぜかというと寝たきりの子ども、自分で立って歩けない子どもは、脱臼のリスクが高くなるからです。脱臼すると強い痛みが起こり、手術で治療することが必要になります。そのため筋骨格をきちんと作り、脱臼しない体作りをすることがとても重要になります。

では、どうすれば筋骨格がきちんと作られるかというと、立つことが重要なのです。立って足や腰に負荷をかけることで、筋骨格が形成されるからです。つまり、寝たきりの子どもを歩かせることが目的ではなく、筋骨格を作って脱臼しないようにすることが目的なのです。このように重症度のレベルが５段階のうち４や５の子どもに対しては、生命の維持や健康を第一に考えながら、ＱＯＬを維持したり高めたりするためのリハビリを行います。

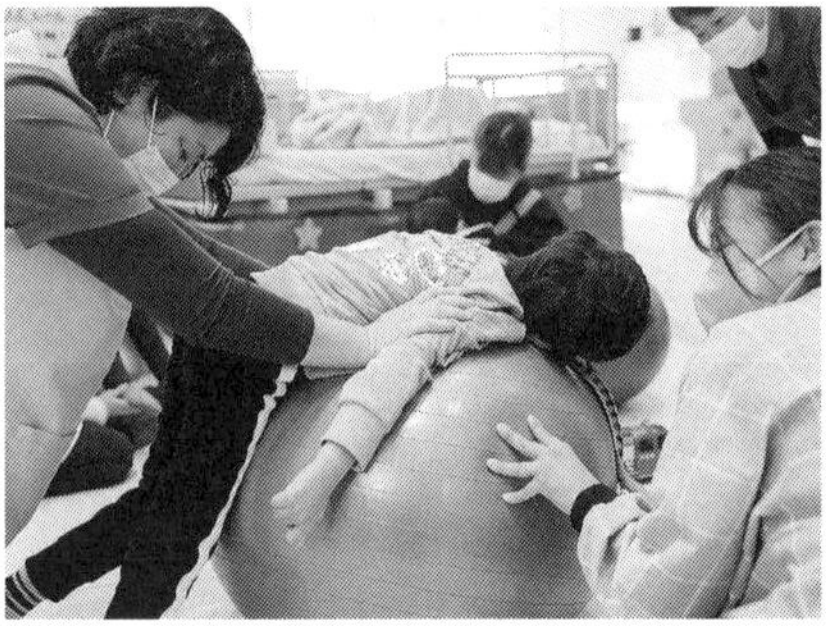
バランスボールで筋骨格を育てる

喉を育てることで首が据わったり、口から食べられたりすることも

寝たきりの子どもであっても、立たせると反射的に筋肉が収縮します。これは、抗重力活動と呼ばれますが、これによって筋骨格が育ちます。立つリハビリをすることで育つのは、下半身の筋骨格だけではありません。これによって喉の飲み込み、嚥下機能が育つこともあります。抗重力活動をすると、首の周囲の筋肉も収縮します。これによって、気道が確保されていきます。気道は筋肉にくっついているので、筋肉が収縮すると気道も引っ張られて開いていくからです。つまり、立つ訓練をすることで、喉も育っていくのです。

これを継続することで、それまで重症で成長してからも首が据わらなかった子どもが、3カ月ほどで首が据わるようになったケースもあります。これによって、気管切開をして呼吸器をつけているような子どもでも、口からヨーグルトなどを食べられるようになることもあるのです。

私たちは、このように全身のメカニズムを理解したうえで、最も効果が期待できるリハビリを行っているのです。現状を評価し、どこまで伸びるかを予測し、先々まで見据えて今なすべきことを組み立てます。母親などには歩かせるために立たせているのではないことを説明した

うえで、寝たきりの子どもであっても立つことを重視したリハビリを行うのです。

また、子どもは7歳くらいから動作習得のスピードが落ちていくため、その後を見据えて1段階上のゴール設定をすることも重要です。例えば、なんとか立てるというレベルの子どもであれば、どのような手段を用いてでも歩かせるようにリハビリします。実際に日常生活で不自由なく歩けるようにはならないとしても、なんとしても歩かせることが重要なのです。

車椅子からトイレに移れるかどうかで将来の選択肢が変わる

なぜかというと、どれほど小さな違いだとしても、どこまでのことができるかによってその子の将来的な行き先が大きく変わってくるからです。例えば、車椅子から自分でトイレの便座に移れるかどうかは、将来に大きな影響を及ぼします。

大人になってから障がいのある人の施設に通う人もいれば、障がい者枠で就労する人もいると思います。そのときに、自分でトイレに行けるかどうかで通える施設などの選択肢が大きく変わってきてしまうからです。今、少しずつ障がいのある人が社会で活躍するための環境が整いつつあります。しかし、車椅子で生活している人を受け入れる施設や就職先があったとしても、トイレに介助が必要な人を受け入れる施設や就職先は非常に限られてしまいます。

これは、トイレに限らずすべてのリハビリに対していえることです。例えば一人で何にもつかまらず立っていることはできなくても、手すりにつかまれば立てるというだけで、どれほどその子の将来の可能性が広がるか分かりません。手足に強い麻痺があったとしても、少しでも何かにつかまって立っていられるならば、その能力を伸ばすことで成長したあとの選択肢が大きく増えるのです。

そのため、例えば体の変形や拘縮が起こらないように、適切な装具を作ることも必要です。障がいがある子どもに対しては、立つために一人ひとりオーダーメイドの特殊な靴を作ることがありますが、これは寝たきりの子どもであっても作ります。その装具を使えば立てるのならば、その能力を伸ばすことが非常に重要だからです。

このように私たちは、その子が将来的にどこでどのような生活をするのか、どのような介助が必要になるのかまで見越してリハビリを行っています。その子が成長したあとまで見据えて、逆算して今必要なことを行うため、すべてはつながっているのです。

子どもは目的があるから動く

子どもの状態によっては、体のリハビリよりも知能面のリハビリ、つまり認知活動を促すリハビリを優先することもあります。母親は早く子どもを歩かせたいと考えて、歩行のリハビリを進めたいと考えることもありますが、経験のある理学療法士が見ると必ずどこかの段階で歩けるようになることが見込まれることもあるのです。そのような場合は、むしろ認知能力を上げるためのリハビリが重要になります。

私たちの体は生まれてからずっと、運動機能と認知機能が複雑に絡み合いながら発達していきます。どちらか一方だけが発達するということではないのです。

例えばハイハイや寝返りは、認知活動がなければできません。寝返りにしてもハイハイにしても、動く目的がなければ誰も動かないからです。大人と同じように、子どもも目的があるから体を動かすのです。

ハイハイや寝返りができるようになったら、次はお座りです。寝ている姿勢と座った姿勢で何が変わるかというと、座ると上から重力を受け止めるようになることです。また、座ることによって手で道具を使えるようにもなります。つまり、座れないとできない認知活動というのは数多くあるのです。

そのため、私たちは子どもが座れるようになるためではなく、座れない子どもであってもなんとか座らせるために、特別な椅子を作ることもあります。それによって重力がかかった状態でできる、認知活動を行わせることが重要だからです。

重力がなければできない認知活動は、数多くあります。例えばペンを使って紙に書く行為一つとっても、重力の力を借りています。大人であれば、仰向けの状態でノートを持ちペンで書くことができるかもしれませんが、子どもにとっては非常に難しい動作です。

なぜなら、ペンで書くときにも重力の力を借りているからです。同様に、子どもがよくやるおもちゃの車を床で走らせるような遊びも、重力の力を借りてやっています。私たちは一つひとつは意識していなくても、座って重力がかかる状態だからこそできる活動というのはいくらでもあるのです。

あるいは認知活動を促すという意味では、子どもにとっては指しゃぶりも重要な行動です。よく、指しゃぶりの癖がつくから良くないと考える父親や母親がいますが、それは必ずしも正しい理解ではありません。なぜなら子どもにとって、指しゃぶりは自分の体を認知するための重要な行動だからです。癖になってしまい大きくなってからも行う指しゃぶりと、生まれたばかりの子どもが自分の体を知るために行う指しゃぶりとはまったく別のものなのです。

生まれたばかりの子どもにとって、最も敏感なのは口から得られる感覚です。赤ん坊は生まれてすぐにお母さんのおっぱいを飲まなければならないので、口から得られる感覚に最も敏感になっているのです。口の次に敏感なのが手です。ですから赤ん坊は、自分の手を見つけるために指しゃぶりをするのです。

そうして自分の手を見つけて認知したら、少しずつ次は物をつかめるようになります。物をつかめるようになると、今度はなんでも口に入れるようになります。それは、物を探索するためにそうしているのです。

人間は環境から得られる情報によって成長する

私たちは、環境から得られる情報によって成長していく生き物です。すべては、環境とのやりとりによって生じるともいえます。その環境を調べるための最も身近にあるものが自分の手であり、手に持った物をしゃぶるのは自分以外の物を知るための探索行動です。そして、固さや音、色などの情報を記憶していくのです。このように、認知活動と運動はセットでとらえていかなければならないのです。

子どもに見せるおもちゃにしても、理学療法士がリハビリの観点から見ると治療道具の一つとしてとらえることができます。どのようなおもちゃをどのように使うかによって、その子の発達状況が見えてくるからです。

例えば、子どもが使うガラガラがあるとします。ガラガラを握って口に入れてしゃぶる子どもは、生後3~5カ月くらいの認知レベルです。しかし、その子がガラガラを振って鳴らし始めたら、生後8カ月くらいの認知レベルだと分かります。物を認識するのに、口を使わなくてもよい段階までに成長していると分かるからです。

同様に、絵本ならば絵本を見せてしゃぶろうとする子どもは生後3~5カ月くらいの認知レベルかもしれません。ページをビリビリ破いてしまう子は、口で認識する段階は過ぎているので生後8カ月くらいの認知レベルと理解することもできます。そこからさらに進んで、ページをめくるようになったら生後10カ月前後の認知レベルにまで成長しているといえます。

このように、おもちゃ一つとってもさまざまなことが分かるのです。子どもには、発達の段階に応じたおもちゃを与えることが大切です。生後3カ月の認知活動をしている子どもに1歳の子ども用のおもちゃを与えても意味がありませんし、反対に1歳の認知活動ができる子どもに生後3カ月の子どものおもちゃを与えても不十分なのです。

最終ゴールは子どもが楽しく社会参加できること

このほかにも、私たちのところでは気管切開を閉じたあとのリハビリなどを行うことができます。私が働いていた県立子ども病院は、実は全国でもトップクラスで気管切開の穴を閉じる手術が行われている病院なのです。

呼吸を助けるための気管切開ですが、さまざまな条件が整って人工呼吸器が不要になると、成長したあとに気管切開の穴を閉じる子どももいます。閉じたあとは、声を出したりご飯を食べたりするためのリハビリが必要になることがよくあります。そのようなリハビリも、私のセンターならばノウハウをもつ理学療法士がいるため、病院と同じようにできるのです。

リハビリは一人ひとりの状態に合ったゴールを設定して、それに向かって取り組む必要があ

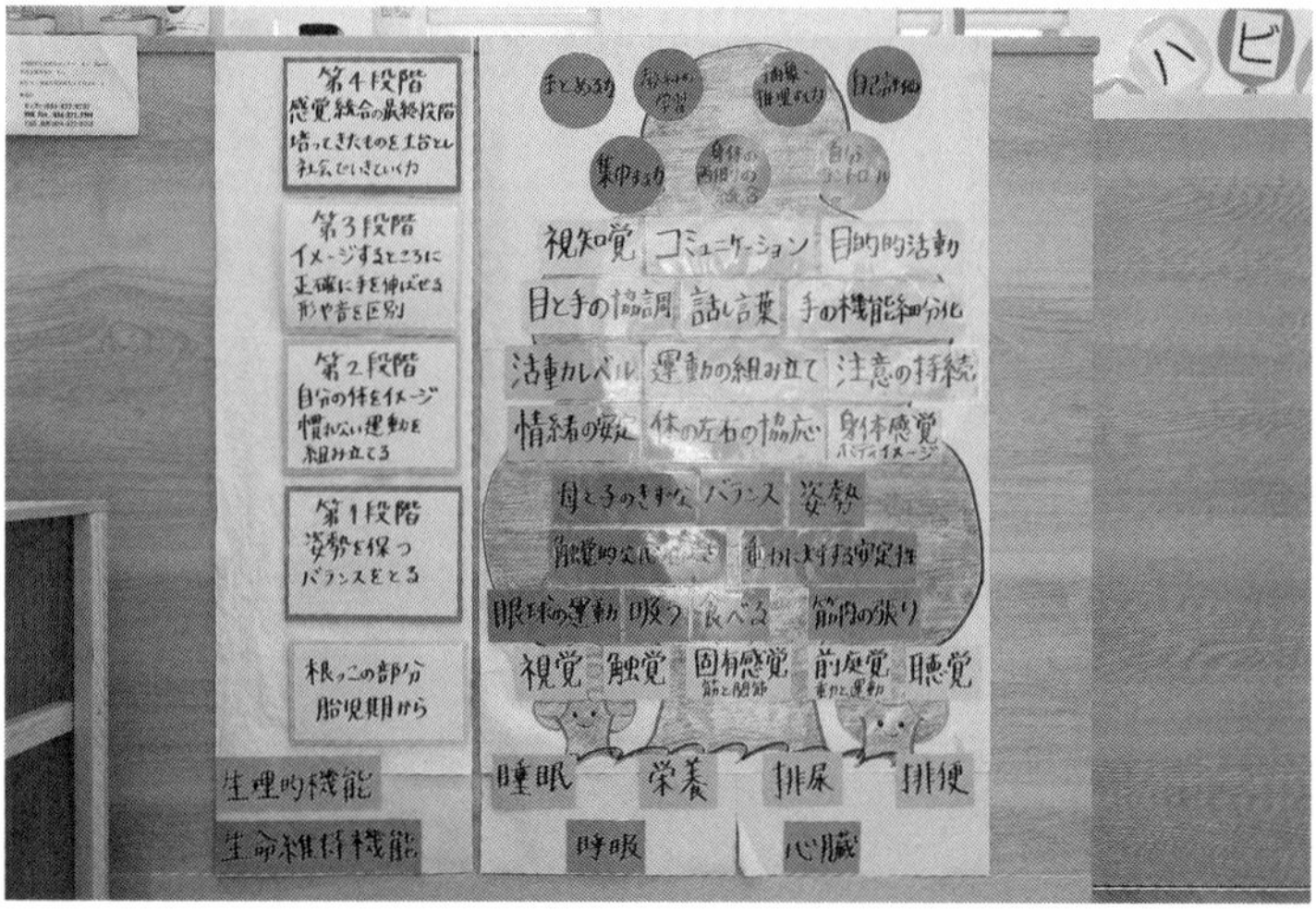

生理的機能の段階を木に見立てた説明展示

ります。しかし、すべての人にとっての共通のゴールがあります。それは、社会参加です。すべてのリハビリは、最終的にはその人なりの社会参加を目標にして取り組んでいくのです。

　私たちは誰もが、人と人との関わりのなかで日々を過ごしています。それは、障がいがあってもなくても変わりありません。だからこそ最終ゴールは安心して外の社会に出て、楽しく人間らしく社会参加できるところにおくことが大切です。私たちは日々、子どもが楽しく社会参加できることを最終ゴールにして、子どもにできるだけ負担なくさまざまなリハビリを実施しているのです。

センター化することで専門人材を育成できる

私が多機能型児童発達支援センターとしてセンター化したことには、高度な専門知識と経験を有する人材を効率的に配置したいという狙いがあります。そうすることで、医療的ケア児のケアを担える専門的な人材の教育や研修も行えると思ったからです。

私のセンターでは、日々さまざまな職種が医療的ケア児のケアや療育について勉強会を開いて学びを深めています。看護師は医療的な視点から、医療的ケア児にとって必要なことを保育士などに伝えることができます。保育士は健常児との違いを学ぶことで、嚥下にリスクがある子どもの食事介助なども行えるようになるのです。

重要なことは、医療的ケアに精通した医師だけがいることでもなく看護師だけが専門知識をもつことでもありません。そうではなく、医師や看護師、理学療法士、保育士、臨床心理士などがチームで知識や経験を共有し、皆でレベルを上げていくことなのです。

地域全体で医療的ケア児を支えていくためには、医療的ケア児の療育やケアに精通した専門職をもっと多く育てていかなければなりません。そうでなければ、とてもではありませんが増え続ける医療的ケア児全員を救うことなどできないからです。

私のセンターに通える子どもたちに関しては、責任をもって療育やリハビリ、保育を提供することができます。しかし、当然のことながらすべての子どもたちがセンターに通えるわけではありません。だからこそ、私たちは医療的ケア児の対応ができる看護師や保育士、理学療法士などを一人でも多く育てて、センター以外の場所でも医療的ケア児に対応できる人材を輩出しなければなりません。

今はまだ立ち上がったばかりで十分に教育機能を果たすことができませんが、最終的にはセンターが医療的ケア児のスペシャリストを養成する場にもなれると私は考えています。そうすることで、より多くの子どもたちが安心して地域で過ごすことができると信じているのです。

このように、医療と療育が連携することで、できることは無限にあります。私たちのようなセンターがしっかり機能を発揮することで、病気があっても障がいがあっても、どのような状態であっても子どもたちの未来を守っていくことができるのです。

第5章

子どもの親にも寄り添う場所でありたい——

地域との連携を強化した相談事業所で
保護者の負担を軽減

医療的ケア児や家族が社会とつながれる場所を提供

医療的ケア児を支える社会的資源はまだまだ脆弱《ぜいじゃく》で、家族を十分に支えられるほど整備されていません。健常児であれば、早い子どもでは0歳児から、遅くとも3歳頃になると幼稚園の年少クラスなどに入園し、集団生活を経験し始めます。

保育所や幼稚園は、子どもにとっては他人との関わりを通して社会性を身につける場所でもありますし、同時に親にとってはその間に育児以外のことができる時間にもなります。仕事をしている親は保育所や幼稚園を利用することで仕事に復帰できますし、そうでなくても自分一人の時間をもつことは親自身にとっても非常に重要です。

これに対して医療的ケア児を育てている親は、安心して我が子を預けられる場所はほとんどありません。自分で動くことができない子どもに対しては、家族が定期的にベッドの上で体の向きを変えてあげなければなりません。

医療的ケア児を抱えて外出することは、どうしてもそれが必要な通院時であっても大きな労力が必要です。例えば人工呼吸器をつけている子どもを外出させるには、母親1人ではできません。最低でも2人は大人の手が必要です。なぜならいつ痰が噴き出るかもしれませんし、ふとした弾みで呼吸器が外れるかもしれないからです。そのときにすぐに対応できるように誰かが付き添わなければならないため、母親1人が子どもを車に乗せて運転して出かける、ということはできないのです。

このような状態の家族に寄り添い、その負担を軽減することはとても重要です。なぜなら医療的ケア児を世話する家族自身が潰れてしまっては、最終的には子ども自身も潰れてしまいかねないからです。

「何でも屋」として家族の困りごとを解決する相談支援事業

家族のサポートが極めて重要となるなかで、多機能型児童発達支援センターのなかでも特に家族の相談に乗り、地域の医療や福祉資源をコーディネートする役割を果たすのが相談支援事業です。私のセンターでは医療的ケア児等コーディネーター養成研修や精神障がい者支援の障害特性と支援技法を学ぶ研修、強度行動障害支援者養成研修などの研修を受けた看護師が、相談支援専門員として相談に乗っています。

相談支援専門員は、利用者本人や家族から話を聞いて、どのようなことで困っているのか現状を把握し、必要なサービスにつなげていく役割を担っている専門職です。主な仕事として、障がいのある子どもが通所支援事業などのサービスを利用するのに必要な受給者証を取得するために、利用者から聞き取りをしたり申請書類を作成したりします。

具体的には、利用者や家族から生活歴や相談に来るまでの経緯などを聞きながら、現状では何にいちばん困っているか、どこを助けてほしいかなどのニーズを確認していきます。そのうえで、その人が抱えている困りごとに対してはどのようなサービスが利用できるかを考えていくのです。

また、横のつながりを活かして役所や障がい者協会など、関連のある団体などと利用者をつないでいくこともあります。そのようにさまざまな地域資源を活用しながら、困りごとを一緒になって解決していくのです。

これらは相談支援専門員の仕事として明確になっていることですが、実際にはこうした仕事だけにはとどまりません。まさしく「何でも屋」として、とにかく家族や本人の相談に乗っているというのが実際です。問題を解決するためには自宅に訪問して生活環境を理解することも必要ですし、どんどん周囲を巻き込みながらあの手この手で問題を解決していく姿勢が求められるのです。

家族と一緒に子どもが安心して過ごせる場所を探す

障がいのある子どもや医療的ケア児を育てている家族が抱える悩みは、実に多様です。例えば子どものことが心配過ぎて、自宅から一歩も外に連れ出すことができないでいる家族もいます。子どもに医療的ケアが必要だったり重度の障がいがあったりすると、外に出して本当に安全が守られるか心配なため、ずっと家に閉じこもってケアをしてしまうケースです。

これは、子どもを大切に思う親心から出た行為なので、気持ちはとてもよく分かります。しかし、そのことが子どものためになっているかというと必ずしもそうではありません。子どもはずっと家にいたり家族とだけ過ごしていたりすればよいのではなく、ある程度の年齢になったらやはり外に出てほかの人と交わる経験も必要です。これは、障がいがある子どもであってもそうでなくてもまったく変わりはありません。

家族と一緒に

このような親に対しては、まずは安全に過ごせる場所を一緒に探し、そうした選択肢があることから伝えていくことが大切です。一定の年齢になったら、一人の人間として社会のなかで育っていくことが大切なのだということも時間をかけて伝えていきます。そして、少しずつ子どもが家から出ることに親自身も慣れていかなければなりません。

そうでなければ、家族の大きな負担の下で24時間３６５日子どものケアが続いていくことになってしまいます。子どもにとって安全な場所を見つけて、家族も子どもを家の外に出すことに慣れていけば、母親などケアを担っている家族が体を休めることもできますし、日中だけでも出かけることができたり、仕事をしたり、自分自身のために時間を使うことができます。

リハビリのために学校を早退・遅刻しなくてよくなったAちゃん

医療的ケア児を育てている母親は、数時間おきにケアをしなければならないことも多くあります。その場合、夜も数時間おきに起きなければならずまとまって眠ることができなかったり、数十メートル先のコンビニエンスストアに出かけたりすることもままならないような生活を送っていることも珍しくありません。しかも、その生活を何年も続けていくのです。このように考えると、家族の負担を少しでも軽くすることは非常に重要だと分かります。

例えば私たちのセンターの放課後等デイサービスに通うAちゃんは、医療的ケアは必要ありませんが重度の知的障がいと重度の肢体不自由、てんかんの発作などがあり、全介助が必要なためセンターを利用しています。Aちゃんの家は父子家庭で、Aちゃんの世話は同居する祖母がすべて担っているためその負担は決して小さくありません。

Aちゃんは特別支援学校に通う高校生で、センターの近くに住んでいます。学校には送迎バスがありますが、バス停まで距離があり、車椅子ごと乗ることができません。そのため祖母が毎日、車で送迎しなければなりませんでした。下校時刻は15時20分なので、祖母が毎日8時頃に学校まで送り、帰りは15時20分の下校に合わせて迎えに行く生活を何年も続けてきました。

センターの放課後等デイサービスに通うようになってからは、センターの職員が下校時刻に学校まで迎えに行き、センターに連れて帰ってリハビリなどをして過ごします。そうして放課後等デイサービスが終了する18時頃に、祖母が迎えに来てAちゃんを連れて帰るのです。

センターの放課後等デイサービスを利用するようになって、Aちゃんの祖母は精神的にも体力的にもぐっと楽になったと語ってくれました。その理由は、単純にAちゃんを預ける時間が長くなったことだけではなく、センター内でリハビリを受けられるようになったことも関係しています。以前は訪問リハビリを受けるため頻繁に早退や遅刻を繰り返していたものが、センターにいる間にリハビリを受けられるため、早退や遅刻をして訪問リハビリを受けなくても済むようになったからです。

医療的ケア児は複数の病気をもっていることが多く、定期的にこども病院などの大規模な病院の複数の診療科を受診しなければならず、通院も1日がかりです。それに加えて訪問リハビリや外来でのリハビリを受けなければならないため、リハビリだけでもセンターで完結できるのは大きな負担軽減になります。

気持ちにゆとりが生まれて笑顔を取り戻したAちゃんの祖母

　また、Aちゃんが日中まとまった時間を外で過ごすようになったことで、祖母は自分自身の体を休める時間ももつことができるようになりました。自宅では一時たりとも一人にできないAちゃんのケアのため、入浴時も睡眠時も絶えず緊張している状態が続き、夜もまとまった睡眠を取ることができないでいたからです。

　Aちゃんの父親は夜勤がある仕事のため、夜もいない日が多くあります。そのため父親が夜勤の日は祖母とAちゃん、Aちゃんの姉の3人で過ごします。Aちゃんは肢体不自由ですが、ずりばいであちこち動くことができるため、目を離すことができません。また、過去に祖母が入浴中、Aちゃんのてんかん発作が起きたことがあるため、入浴中も気を抜くことができないそうです。そのため祖母が入浴時は姉に見てもらい、その間に急いで入浴を済ませるのが祖母の日常になっています。

　また、夜も一人で寝かせることはできないので布団を並べて寝ますが、Aちゃんは非常に物音に敏感で何かあるとすぐに目を覚まします。すると隣にいる祖母も目が覚めてしまい、一度に3時間以上続けて眠れることはほとんどありませんでした。このような生活を何年も続けていたため、大好きなかわいい孫のためとはいえ負担は大きく、最近では自分の体調にも不安を覚えることが増えてきたそうです。

このような生活を続けるなかでセンターの放課後等デイサービスを利用するようになって、Aちゃんの祖母はやっと自分の時間をもつことができるようになりました。放課後等デイサービスを利用するようになって久しぶりにまとまった時間を休息に充てたり、何年かぶりに自分の洋服を買いたいと思ったりするような心のゆとりも生まれたと言います。また、気持ちにゆとりが生まれることで、今まで以上にAちゃんにも笑顔で接することができるようになったと話してくれました。

出産後初めて、経管栄養の時間を心配せずに生活できるように

児童発達支援に通っているB君は、口から食事を取ることができずに経管栄養をしています。長くこども病院の摂食外来にも通っていましたが、なかなか食べることができず、おもちゃなどにもまったく興味を示しませんでした。口から食べることができないB君にとって、経管栄養での栄養注入は唯一の命綱です。

経管栄養での栄養注入は、1日3回、1回あたり1時間30分ほどかかります。また、栄養以外に1日2回ほど経管栄養で水分補給も行いますが、それにも1回あたり1時間程度がかかります。そのためB君の母親は、B君の経管栄養での栄養摂取や水分補給の合間のわずかな時間

を縫って掃除や洗濯、料理、買い物、ほかの子どもの世話をこなさなければなりませんでした。また、経管栄養が必要なB君を預かってくれる場所などありませんから、買い物に行くときももちろんB君をいつも連れて行きます。そのため、買い物に出かける直前に栄養摂取や水分補給を行い、時計とにらめっこしながら急いで買い物を済ませ、終わると同時に車のなかで次の栄養摂取や水分補給をするといったような、一時も気が休まることのない毎日を送っていたのです。

B君は私たちのセンターを利用するようになる前にもほかの施設を検討したそうですが、あいにくそこは年齢制限などによって利用することができませんでした。そこで私たちのセンターがオープンすることをホームページで知り、すぐに利用するようになったのでした。

私たちのセンターでは日中、看護師が常駐して経管栄養での栄養摂取は問題なく行うことが可能です。そのためB君を出産してから久しぶりに、母親は数時間ごとの経管栄養に間に合うように時間を気にして細切れで動く生活から解放されました。

センターを利用して、初めてきょうだい児の幼稚園行事に参加できた

また、うれしいことはそれだけではありません。B君には幼稚園に通うきょうだいがいます

が、これまでなかなかきょうだいの幼稚園行事にB君を連れて行くことができませんでした。幼稚園では運動会や生活発表会などのさまざまな行事があり、両親やきょうだいなどがそれを見に行きます。しかし、B君は子どもの声やマイクの音などさまざまな音によってパニックを起こしてしまうため、そのような場所にいることができません。また、経管栄養をしているため預ける施設もなく、これまでB君の母親は一度も上のきょうだいの行事に参加することができなかったのです。

こうしたなかで私たちのセンターができてからは、日中B君を預けられる場所ができたため、初めて上のきょうだいの幼稚園行事を見に行くことができました。初めて母親が行事に参加してくれると聞いたとき、きょうだいは大喜びをしたそうです。普段はどうしても親の関心が医療的ケア児に向いてしまいがちななか、きょうだいは本当にうれしかったのではないかと思います。

地域における連携で外部のサービスにつなげることも

相談支援事業では、私のセンターだけではなく中立的な立場でその子どもに合ったサービスや事業所を探していきます。どちらかといえば私のところの相談支援事業に相談に来て、そのまま私のセンターの発達支援などを利用するほうが珍しく、外部のサービスにつなげる仕事がメインになります。そのために地域で横の連携を大切にして、どこにどのような事業所があるのか日頃から情報収集に力を入れているのです。

しかし、どれほど探してもやはり医療的ケア児を受け入れている施設というのはなかなか見つからないのが現状です。例えば自閉スペクトラム症や注意欠陥・多動性障害などの発達障がいの子どもを受け入れる児童発達支援事業所は整いつつあります。しかし、医療的ケア児を受け入れる施設はなかなか増えず、ましてや重症心身障がい児などの寝たきりに近い子どもが生活できる場というのはほとんどないのが現状です。

なかには医療的ケアが必要な子どもを受け入れている施設もありますが、私の地域では私のセンター以外に1カ所あるかどうかというところです。それも受け入れられる医療的ケアの内容が限られていて、人工呼吸器などがついていたらほとんど受け入れられるところはありません。また、体内にカテーテルという細い管を入れて点滴や注射などを行う、中心静脈カテーテルなども対応している施設はほとんどありません。

仮に受け入れてくれる施設があったとしても、医療的ケアが必要な子どもは通常よりも人手を要するので、多くの人数を受け入れることは不可能です。そのためどうしても定員が限られてしまいます。結果として、子どもを安心して預けられる場所は見つからないことも多く、医療的ケア児を見ている家族の負担は重くなる一方なのです。

そのため、利用できるとすれば訪問看護や訪問介護、訪問リハビリなどの訪問サービスがメインになります。訪問サービスも大人にしか対応していない事業所が多いため、見つけるのは簡単ではありませんが、それでもさまざまなところに問い合わせて、なんとか対応してくれる事業所を探すしかないのです。

家族の負担に限界が来る前に寄り添う

訪問看護などを利用する場合は、頻度や内容はその子どもに応じてそれぞれ異なりますが、例えば毎日来てもらうとしても1回あたりの訪問時間は1時間程度のことが多くなっています。その場合、残りの23時間は自宅にいる家族だけで子どもを見なければなりません。

また、訪問看護や訪問リハビリは非常に役立つサービスですが、自宅を訪問して受けるサービスの場合、結局母親は家を出ることはできません。子どもを外の施設に預けるサービスならば、子どもを預けている間、母親は束の間の休息を得ることができます。しかし、自宅を訪問するサービスの場合、結局母親は自宅から一歩も外に出ることができない状況は変わることがないのです。その点が、訪問サービスと通所サービスの大きな違いといえます。

人工呼吸器や経管栄養など、それがなければ子どもの命を保つことができない医療的ケアを行っている子どもを育てている親の負担は想像を絶するものです。自分自身のふとしたミスが子どもの命を奪ってしまうかもしれないのですから、24時間気を緩める暇はありません。

人間は絶えず緊張し続けることなどできませんから、親が疲れ切ってしまえばどこかでひずみが生まれます。その結果、ネグレクトや虐待などに発展してしまう可能性もあるのです。だからこそ私たちは、そうなる前に寄り添って、親の負担を軽減するための方法を考えなければならないのです。

相談支援事業に相談が入るルートはさまざまです。家族から直接、そろそろ年齢的に自分たちだけではなく外部のサービスを使いたいと言って相談に来るパターンもあります。この場合、なかには家族が困り果てて、「早急にどこかで見てほしい」と切羽詰まって相談に来るケースもあります。

あるいは、保健所や役所の子育て支援課、家庭児童相談室のような外部のセンターや公的な機関から相談が来るパターンもあります。外部のセンターや公的な機関から相談が来るときは、自宅で母親だけが見ている状況が非常に大変なので、使えるサービスを組み立てて第三者が関わるようにすることで計画の依頼が来ます。

児童相談所で預かっている子どもが自宅へ戻る際に、何も支援がない状態で家に帰すのは家族の負担が大きくなってしまうので、サービスを使って第三者を入れてサポートしてほしいという要請が入ることもあります。また、医療的ケア児の場合では、退院時に病院から直接相談が来るケースも多いです。

相談支援専門員は医療的ケア児と地域をつなぐハブの役割

相談事業で、私のセンターにつなげることは少なく外部のサービスにつなげることが多いというのは、むしろメリットが大きいと私は感じています。なぜなら中立的な立場で相談に乗るためには、自分の事業所以外の事業所を紹介するほうがよいことも多いからです。

同一の事業所内で相談事業と発達支援の両方を担当していると、連絡を密に取ったり子どもの様子がよく分かったりするというメリットはあるかもしれません。一方で、施設を利用していて何か不満や気になる点を感じたときに相談しにくいというデメリットもあるのです。

相談支援専門員は、客観的な立場で家族の困りごとの相談に乗って、時には家族の不平不満を施設に伝えることもあると思います。相談支援専門員は、家族や本人と地域の社会資源とをつなぐ、ハブの役割を果たす専門職だからです。

時には家族の不満を施設に伝えることもありますし、反対に施設の人が困っていたらそれを家族に伝える役割を果たさなければなりません。そうして中立的な立場で両者の話を聞いて、適切な対応を模索しなければならないのです。

あるいは、状況によっては親と施設の間だけではなく、そのほかの地域資源の利用も検討していかなければなりません。例えば保健所や児童相談所、市役所など行政との連携が必要になるケースもあります。そのほか訪問看護や訪問介護が介入している場合は、そうした事業所と連絡を取ることもあります。

役所の子育て支援課や家庭児童相談室は頼もしい存在に

また、役所の子育て支援課や家庭児童相談室は頼もしい存在です。ここには、児童相談所で対応するまではいかないけれど、その手前で困難を抱えている、いわゆる中間層と呼ばれる家庭の相談を受ける専門の部署があるからです。ここでは、家族や事業所間だけで解決するには大き過ぎるものの、少しサポートすれば解決できそうな問題に対応しています。

家庭児童相談室などにつないでおくと、いざというときにサポートしてくれるので安心です。例えば成長して小学校に入学するようになってから、何か気になることが起これば学校と家庭の間に入って調整役を担ってくれます。さらに県内のサポートセンターでは、子どもに関する相談や精神面の相談、身体障がいのある人への相談など分野別になっていて困ったときに相談に乗ってくれます。

私のところの相談支援専門員も家庭児童相談室を通して、多くの人たちと連携しています。例えば相談支援専門員が、気になる子どものことを家庭児童相談室に相談したとします。すると、その子が通っている学校からも「子どもが最近学校に来ていない」「不安定なところがある」などの相談が寄せられていることがあるのです。そのようなときに、家庭児童相談室が間に入って調整して、子どもの家庭を訪問することもあります。

本来ならば直接、相談支援専門員が学校へ行ってカンファレンスなどを開くことができればよいのですが、個人情報の問題などもあり、学校は教育機関であるのに対して私たちは医療や福祉の施設なので、ダイレクトにカンファレンスなどを開くことができないケースもあります。そのようなときに家庭児童相談室が間に入り、相談支援専門員が感じていた問題点、学校で把握している問題点などをすり合わせてトータルで子どもと家庭の問題解決に向けて動いてくれるのです。これは医療的ケア児に関する問題でもそうですし、医療的ケア児だけではなく発達障がいなどの子どもに対しても同様です。

相談支援事業を行うときに何よりも重要なことは、家族だけで抱え込ませずに、同時に相談支援専門員一人だけでも抱え込ませずに、できるだけ多くの人を巻き込んでいく姿勢だと私は考えています。そのほうが、さまざまな視点で家族と本人を見ることができますし、家族にとっても味方が増えることにつながるからです。

医療的ケア児を抱えている家族は本当に努力して、限界まで頑張っています。しかしその限界を超えてしまうと、どれほど我が子がかわいくてもネグレクトや虐待の手前のような状態になってしまうリスクは誰にでも起こり得ます。だからこそ多くの人の目を入れて、少しでも気になる子どもや家族のことは、早めに相談しておくことも大切です。

行政も医療的ケア児や障がいのある子どものことに関しては、非常に努力してさまざまな面からサポートしようとしてくれます。例えば私のところの相談支援専門員から気になる子どもについて相談しておくと、そのあとに保健所の人が家庭訪問してくれたり、1歳6カ月児健診や3歳児健診のときにも注意して観察してくれたりします。

このようなちょっとしたサポートで、そのあとの不幸を防いで良い方向に結びつくことも珍しくありません。だからこそ、やはり自分たちだけで抱え込まずに多くの人を巻き込むことが重要なのです。

これまでの苦労を認めることで本音を引き出せる

相談支援専門員が親から話を聞くときは、必ずそれまでの努力や頑張りをしっかり認めて、褒めるところからスタートするように意識しています。医療的ケア児を抱えて生活をしていくことは、想像以上に大変なことです。だからこそ、まずはこれまでなんとかやってきたことを認めるところから始めなければなりません。

今までの苦労を認めることによって、家族の心の壁が壊れてスッとなかに入っていけることはよくあるからです。家族が心を開いてくれると、それまでは「大丈夫です」「問題ありません」

などと言っていたものが「実は〇〇でとても悩んでいる」などと本音を話してくれることにもつながっていきます。

家族は自分が十分に子どものケアをできていないのではないか、自分のせいで子どもに良くないことが起きたのではないかと、必要以上に自分を責めてしまうこともあります。そのようなときは、私たちが家族の努力を認めて、肯定してあげることが大切です。そして、家族の頑張りがあったからこそ、子どもがここまで育ったことを褒めてあげるのです。

そうして本音を引き出していろいろな話をしていくなかで、相談支援専門員の目から見ると危ないこと、サポートが必要に感じられることが見つかるケースもあります。だからこそ、まずは心を開いてもらい、不安や悩み、困りごとなどを話し合える関係になることが重要なのです。

看護師の有資格者が相談支援専門員を担当

私たちのセンターでは、相談支援専門員だけではなく医師や看護師、理学療法士、保育士などが、それぞれの立場から、医療的ケア児を抱える家族の相談に乗っています。医療的ケアの方法から病気のこと、心身の発達のことなどさまざまな悩みを聞くことができるのです。

日常的なことでは食事の仕方や姿勢の維持の仕方、夜泣き、不眠など家族の不安は尽きません。そのような不安や困りごとに対しても、医療の視点、保育の視点などから相談に乗って一緒に解決策を考えることができるのです。

また、相談支援事業は福祉分野の仕事ですが、私のセンターの相談支援専門員が看護師であることも特徴の一つです。相談支援専門員は看護師のバックグラウンドをもっているので医療のこともよく分かっています。これは医療的ケア児の相談に乗るときに、大きな強みとなっています。

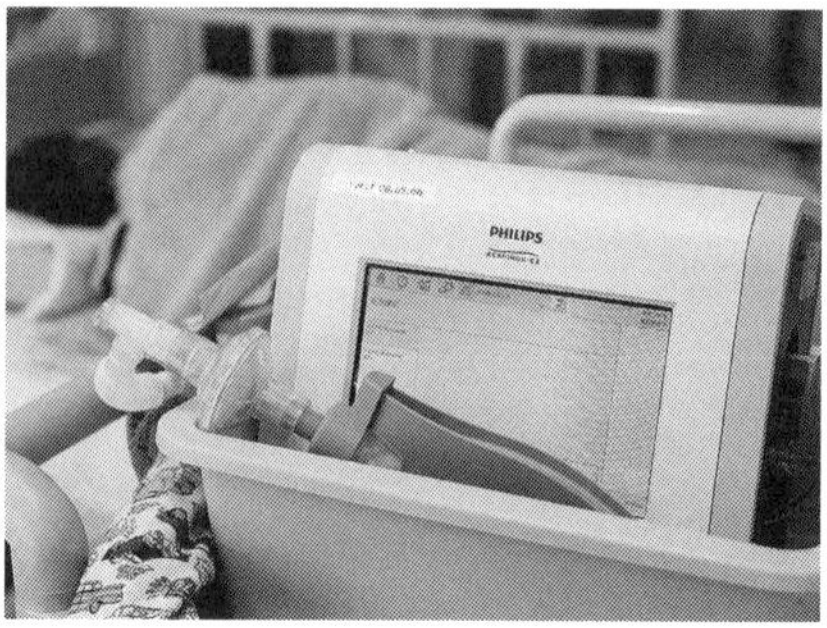

体重2.5kgの子どもも使用可能な成人用人工呼吸器

看護師が相談支援専門員をすることで、福祉の視点と医療の視点の両方から子どもと家族を見ることができます。福祉の視点で見れば、どのような困りごとを抱えている家庭はどのようなサービスにつなげればよいかを判断できます。その一方で、福祉の視点だけでとらえると、医療的ケア児独自の課題が見えないことも考えられます。例えば個々の医療的ケアにはどれくらいの時間がかかるのか、最も注意すべきことは何かなど、看護師だからこそ医療の視点から子どもと家族の課題をとらえることができるのです。

また、医療の分野は非常に専門用語が多いという特徴もあります。例えば中心静脈カテーテルをCVカテーテルと言ったり、鼻から入れる経管栄養のチューブをNGチューブと呼んだりするなど、日常的に略語が飛び交っています。医療的ケア児が退院して地域へ戻るときには、このような略語が多く出てくるため、そのような単語をすぐに理解できることは強みにつながります。

また、医療的ケア児に必要なサービスを組み立てていくなかでは、病院と密に連携を取ることも求められます。福祉の専門職のなかには、病院で医師と対等に話すことが苦手な人もいます。その点、看護師は常に医師とチームで動いているため、臆することなく医師に意見を言ったり、反対に意見を聞いたりすることができるのです。

急性期医療と退院後の療養生活をつなぐ役割も果たす

これは私自身がそうだったのでよく分かるのですが、病院、特に急性期の病院のなかにいると、患者が退院したあとの生活を具体的にイメージできないことがあります。医師も看護師もその他のコメディカルもそろっていて24時間交代制で患者を診ていて、医療機器なども充実している病院での過ごし方と、医療機器も簡単なものだけで自宅で家族が患者を見るのとでは雲泥の差があります。そのことを頭では理解していても、病院のなかだけで患者を診ているとなかなかその実態がつかみにくいことがあるのです。

病院から一歩出てしまえば、患者の生活は180度変わります。入院中はリクライニング付きの電動ベッドで寝ていたとしても、自宅に帰った途端、畳の部屋で布団で寝ているかもしれません。あるいは病院ならば交代制で看護師が何度も痰の吸引をしていても、自宅では母親1人だけで子どもを見ているので病院のように何度も吸引するのは現実的ではないこともあります。

家族の状況に合わせて現実的なケアを組み立てる

例えば医療的ケアが必要な子どもで、気管切開をして人工呼吸器を導入することになった子どもがいました。人工呼吸器を使うと痰の吸引が必要になりますが、この子の場合は痰が硬くて吸引しにくいため、薬液を霧状にして直接気管支などに届けるネブライザーという機械を使って気管支を加湿してから痰の吸引をすることが必要でした。そこで病院からは、退院時の指示としてネブライザーを1日4回使用するという指示が出たのです。ところが自宅で1日に4回もネブライザーを使用するというのは、とてもではありませんが現実的ではありません。病院ならば24時間交代制で複数の看護師が配置されているため、人手があります。しかし、自宅では子どもを見られるのは母親1人ですし、その家庭には医療的ケアが必要な子どもだけではなくほかにも小さな子どもがいて、母親はほかの子どもの世話や料理、洗濯、掃除など日常の家事もやらなければならないのです。

さらにネブライザーなどにしても、1回その場でシュッと噴出して終わりという簡単なものではありません。何分も時間をかけてネブライザーを使ってから痰の吸引をして、さらにネブライザーの機械を乾燥させてから片付けなければなりません。

また、その間に胃ろうを使って流動食を流し込むことも母親1人でやらなければならないのです。胃ろうは口から食べられないときに、体に大きな負担をかけずに栄養摂取ができる方法として効果的です。しかし、自宅で家族が胃ろうを管理することは決して簡単ではありません。まず、胃ろうの管から注入できるのはミキサーなどにかけた流動食ですから、自宅で家族の通常食に加えて流動食を作る必要があります。そして作った流動食は、例えば1食あたり1回50ccの食事を数回に分けて注入するなど、栄養摂取にも長い時間がかかります。

当然のことながらこのようなケアは、1回やればいいというのではなく365日毎日必要になるのです。これを医療のプロでもない母親が、ほかの家族の世話や家事をしながら毎日続けていくことは至難の業です。このように、自宅に帰ると病院のときとはまったく環境が変わります。ですから私たちは、家族の状況に合わせてケアも組み立てていかなければならないのです。

そうしたなかでは、例えば医療的に100%完璧を求めるのではなく、大きな影響がないのであれば、省けるケアは省いていくような視点も求められます。理想論で無理なケアを押しつけて、ケアをする母親や家族が倒れてしまったら最終的に医療的ケア児の世話をする人がいなくなってしまうからです。ですから医療的ケア児やその家族をサポートする立場である私たちは、このように家族が実際に家でどのような生活をするのかまで見越してケアの方法も考えなければならないのです。

このようなときに、看護師としてのバックグラウンドをもつ相談支援専門員であれば、医療的知識と福祉の視点の両方をもったうえで病院の医師に意見を言ったり、退院時カンファレンスなどに参加したりしても、病院の看護師と対等に話したりすることができます。退院後の患者や家族の実情を知る専門職として、現実に即したケアの提案などもできるのです。これは非常に大きな強みになると感じています。

親には親の人生がある

私が多機能型児童発達支援センターを立ち上げたのは、子どもを救いたいと思ったことと同時に、家族もサポートしたいと思ったことがきっかけです。なぜなら医療的ケア児を育てる親は皆、自分のことは犠牲にして子どものために生活のすべてを捧げているからです。

これは、親子の愛情という意味では非常に美しい話だと思います。しかし、私はこれを美談として、親が子どもの犠牲になるのは当然のこととはしたくないとも考えています。なぜなら、親には親の人生があるからです。子どもの人生が大切なものであるのと同時に、親の人生だってかけがえのないものであるはずなのです。だからこそ、医療的ケア児を育てているからといって、その人生を犠牲にしてほしくないと思うのです。

私たちが関わることで、再び家族が社会との接点をもつようになれたケースは数多くあります。例えばある子どもは、胃ろうと人工呼吸器が必要な重症心身障がい児でしたが、母親がすべてを犠牲にして自宅で子どものケアをしていました。その子が5歳か6歳になる頃まで、病院を受診する以外はほとんど自宅以外のどこにも行ったことがなく、かろうじて訪問看護や訪問介護を通して外の世界とつながりをもつだけの生活だったのです。

なぜ、その子が自宅から出たことがなかったかといえば、母親1人で連れ出すことが大変だったことと、このような重症心身障がい児を受け入れて短時間でも預かってくれる施設がなかったことなどです。また、家族が本当に子どもを大切にしているので、少しでも子どもの健康にリスクがありそうな不安なところには連れて行きたくないという思いもありました。

これに対して、私たちのセンターができてからは、すぐ隣に医師が常駐していることや看護師が1人や2人ではなく多く配置されていることなどから、初めて「安心して子どもを預けられる」と判断してセンターを利用するようになりました。

このとき、実に出産から5、6年を経て初めて母子が数時間、離れる時間が作られたのです。あとから聞いたところによれば、母親は「清水の舞台から飛び降りるような覚悟で子どもを預けたのだ」ということです。それほど子どもは手の掛かる医療的ケアが必要だったので、他人に任せることに強い不安を抱えていたのだと思います。

母子が外に出るようになって、家庭に色彩が戻った

その後、家族にはさまざまな変化が訪れました。大きな変化は、家庭に色彩が戻ったことです。それまで、その家族の自宅は医療的ケアに必要な医療器具が整然と並んでいるだけで、非常に殺風景な場所でした。子どもがセンターに通うようになると、本来子どもが経験すべき遊びや療育を経験したり、季節ごとの作品を制作し持ち帰ったりするようになりました。すると、子どもが持ち帰った作品で自宅にはどんどん彩りが添えられて、子どもらしい飾り付けや季節の飾りが増えていったのです。

家族は、それまで寝たきりで自宅から一歩も外へ出たことがなかった我が子が、センターでその子なりにできる範囲の作品を作ってきたことがうれしくて、その作品を一つひとつ大切に自宅へ飾っていったのでした。

また、子どもを日中センターに預けるようになって、母親は数年ぶりに一人になる時間をもつことができました。最初は子どものことが不安で預けるにもおっかなびっくりという様子だったものが、何度も通ううちに私たちのセンターを信頼してくれるようになったのか、次第に預けることに抵抗を感じなくなっていったようでした。

その結果、久しぶりに日中まとまった時間休むことができたり、夫婦二人で出かけることが

できたり、以前大好きだった趣味を再開することもできたのです。数年ぶりに自分自身の時間を取り戻し、子どもと二人きりの狭い世界から外に出ることによって、母親の表情も目に見えて明るくなっていきました。何よりも、外の世界に目を向ける余裕ができたことが大きいのだと感じています。

かつては、子どもは3歳までは母親が育てるべきだという「3歳神話」が正しいと考えられていた時代がありました。そのため、子どもを預けることに対して罪悪感を覚える母親が多くいたのです。

しかし、今はもうそのような考え方は正しくないと指摘されています。母親が子どもと離れる時間をもつことによって、親子の絆が強くなることが分かってきているからです。これは健常児であっても医療的ケア児であっても同様です。

仮に医療的ケア児であったとしても、母親は子どもを自分自身でケアしないことに罪悪感などもつ必要はありません。人の手を借りられるところはどんどん借りて、親にしかできない部分は徹底的に親がケアをする。このように手をかけるべきところ、手を抜いてもよいところはしっかりとメリハリをつけていくことが大切なのです。

親が自分の人生を歩めるように支える

子どもがどうあれ、親は親の人生を歩むべきだと私は考えています。そのためには私たちのようなセンターが各地にあって、子どもの状態にかかわらず預けられる受け皿が絶対に必要です。なぜなら、子どもの世話だけで何年も過ごしていると、どうしても世話をしているのが母親ならば母親の社会性が落ちていってしまうからです。

私は、医療的ケアが必要な子どもをもつ母親が時には10年以上も子どものことだけにかかりきりで、最終的にどこにも行き場がなくなってしまったケースを何人も見てきました。非常に残念なことですが、医療的ケアが必要な子どもは親よりも長生きできないことがあります。

子どもがいるときは、なかには医療的ケアが必要な子どもをもつ親のコミュニティを通して社会とつながる人もいます。しかし、それも子どもが亡くなったらつながりを失ってしまうこともあります。それまで10年以上も社会と接点を持たずに過ごしてきて、子どもが亡くなったあとに自宅から一歩も外に出かけられず、どこにも行くことができずにまるで廃人のようになってしまったケースも一人や二人ではないのです。

自分のできることを活かして社会とつながり続けるケースも

反対に、母親が社会とのつながりを保ち続け、不幸にして子どもが亡くなったあとも、自分のできることを活かして活動を続けているケースもあります。例えば医療的ケアが必要な子どもを亡くした母親が、それまでの経験を活かして医療的ケアが必要な子どものサポートに回ったり、そのような子どもを預かる施設で働きだしたりするケースも見聞きしたことがあります。

これは非常にすばらしいことだと考えています。医療的ケア児の育児で培った経験を社会に還元することになりますし、母親自身の人生も豊かになるからです。このようなケースを実際に見てきたからこそ、私は親も親自身の人生を大切にしてほしいと強く思います。だからこそ、私たちのセンターのような受け皿があり、親が社会とのつながりを保てるようなサポートが何よりも重要なのです。

親が親自身の人生を大切にすると同時に、子どもも医療的ケアがあろうとなかろうと、できる範囲で積極的にやりたいことに挑戦してほしいとも思っています。医師によって考え方はさまざまかもしれませんが、私はちょっとの工夫や努力で子どものやりたいことがかなえられるのならば、旅行でも遊びでもどんどん行ってほしいと家族に伝えています。

生きている間にできることに挑戦すれば、後悔を減らせる

例えば私が病院勤務時代に見ていた子どもで、くも膜下出血によって脳ヘルニアを起こし、最後はほとんど脳死に近いような状態になってしまった子どもがいました。長く入院していましたが、あと何カ月もつか分からないとなったときに、家族の希望で在宅へ移行したのです。

この子の場合は人工呼吸器をはじめとして、在宅でできる医療機器はほぼすべて使う、フル装備のような状態での在宅移行になりました。しかし、親が非常にパワフルな人で、残された人生に楽しいことを全部やらせてあげたいと言って、旅行や水族館など子どもが好きだった場所に何カ所も連れて行ったのです。私も家族の希望を聞いて、できることはなんでも協力しました。

こうした行動は、子どもはもちろんのこと家族にとっても良い影響があります。なぜなら残念ながらいつか子どもを亡くしたら、親は「生きている間にもっとこうしてあげたかった」と思うに違いないからです。その思いは深い後悔となって、その後も長い間、親を苦しめることになるかもしれません。だからこそ、少々のリスクがあってもやりたいことはどんどんやるべきだと私は考えています。

数は少ないですが、なかには酸素ボンベを何個も持参してフェリーに乗ったり、北海道まで

行ったり、新幹線を乗り継いで旅行に出かけたりする行動的な家族もいます。私は家族がそれを望むならば応援したいと思っています。なぜなら生きている間にできることはやり尽くすことが、その後の家族の癒やしにもつながると信じているからです。

家族が必要な情報にアクセスできるように

医療的ケア児とその家族を支えるために、私たちのセンターでは家族同士が交流できるようなイベントも積極的に行っています。医療的ケア児を抱える悩みを話し合うには、やはり家族同士の交流がいちばんだからです。

そのうちの一つが、例えば親子遠足です。長時間ではありませんが、センターの近くにある公園に家族も参加する遠足を企画しました。遠足は、幼稚園や保育所などではどこでも行っている行事だと思います。私たちが親子遠足を企画した目的は、一つには普通の子どもが経験することを同じように経験させたかったこと、そしてもう一つは、家族同士が交流する場を作りたいと考えたことです。

今は医療的ケア児を抱える家族がＳＮＳを通して知り合うこともあると思います。私のセンターに通うＣ君は、医療的ケアは必要ありませんが非常に珍しい染色体異常の病気を患っています。しかしＣ君の母親は、ＳＮＳを通して近所でＣ君と同じ病気をもつ子どもの母親とつながることができました。

C君の病気は希少疾患で非常に珍しく、母親は一生懸命情報を集めようとしましたがインターネット上などにもほとんど情報がなく、それでも諦めずにSNSで探していたところ、偶然知り合ったそうです。医療者は、病気に関する知識を伝えることができます。子どもの病気に関する不安や悩みは、やはり同じ病気の子どもをもつ親同士がいちばん分かり合えるはずです。「自分だけではない」という思いは、患者の家族を大きく勇気づけますし、医療的ケア児を抱える悩みは同じような境遇の家族同士にしか分からないことが多々あるのです。

医療的ケア児に関しては、まだまだ行政も手探りで取り組みを進めている段階なので、家族が正しい情報を入手することも困難です。残念なことに、親自身が自ら動き、情報を求めていかなければならないのが現状です。このように親が主体的に情報を求めなければならない状況について、C君の母親は「まるで受験のようです。自分でどんどんアンテナを張って情報収集していかなければ、あっという間に置き去りにされてしまいます」と話していました。

医療的ケア児の家族同士の交流をサポート

しかし、そうはいっても同じような境遇にいる家族が知り合う機会は多くはありません。そのため、今は学会などでも積極的に家族会を支援する動きが出ています。私たちのセンターでも家族会とまではいきませんが、せめてセンターを利用する親同士は交流することができるようにと親子遠足をはじめとするいくつかのイベントを企画しています。

遠足は、いつもの朝の会を公園で行うところから始まりました。朝の会のあとは、鼻からのチューブで水分や栄養を摂取する必要がある子どもがいるため、休憩室を借りて水分補給などを実施します。そのあとは、皆で「秋探し」をしました。ちょうど遠足に行ったのが秋だったので、ススキなど秋の季節のものを見つける遊びをしたのです。

そのあとは、職員によるサポートの下でブランコです。自分でブランコに乗れる子は多くはありませんが、皆保護者と一緒に乗ったり、それでも難しければ職員と保護者の両方にサポートしてもらったりしながら、全員がブランコに乗れました。

そして、最後にはパラバルーンで遊びます。パラバルーンはいつも室内でも行っている遊びですが、青空の下で行うことで、子どもたちの表情もいきいきとして、普段とは違う新鮮な感覚を味わうことができました。時間にしてわずか2時間程度でしたが、子ども自身も室内とは違う経験ができたこと、また、普段接することがない家族同士の交流の機会にもなったことがよかったと感じています。

子どもにとって「ごく当たり前の経験」ができるチャンスを作る

このほかにも夏には夏祭りを行いました。夏祭りは午前と午後の部に分けて、午前中はセンターに通っている子どもや家族、そのほか医療的ケアが必要な子どもが通う施設関係者などを対象にして、午後は隣接する小児科に通う子どもたちなど、広く地域に開放して行いました。

地域の夏祭りさながらにヨーヨー釣りやキャラクターすくい、焼きそば、ゲーム、的当て、くじ引きなどの屋台を出して、多くの人に来てもらうことができました。これも、普段はなかなか祭りなどに行くことができない子どもたちに、多くの子どもが経験することを経験させてあげたいという思いから開催したものです。

夏祭りも親子遠足も、医療的ケア児のきょうだいも参加してくれました。そのようなときに、医療的ケア児のきょうだいたちから気になるセリフをいくつも聞きました。

ある子どもは「どうしてうちの妹は何歳になっても歩かないの」と聞いてきましたし、別のきょうだいは「どうして友達の弟のように一緒に公園で遊べないの」と聞いてきました。こうしたきょうだいたちの話のなかでは、純粋に疑問を感じて質問することもあれば、たまりにたまった感情が思わず口から出てしまったようなこともあります。

医療的ケア児を抱えている家庭では、実は親だけではなくきょうだいにも大きな負担がかかっているケースが少なくありません。そのため、きょうだい児のケアをどうすべきなのかということも非常に大きな課題になっているのです。

きょうだい児にも寄り添う

「医療的ケア児者とその家族の生活実態調査」（三菱ＵＦＪリサーチ＆コンサルティング）では、医療的ケア児のケアに追われてきょうだい児がストレスを抱えたり、きょうだい児のために時間が割けなかったりする状況が浮き彫りになっています。例えばきょうだい児がいる家庭が感じている悩みの調査では、約６割が「きょうだい児がストレスを抱えているように感じる」、約４割が「きょうだい児の授業参観や学校行事に参加できない」「きょうだい児の用事（予防接種等）にあてる時間がない」と回答していました。

自由記載欄から見えてくる、きょうだい児の悩みは深刻です。例えば次のような声が寄せられています。

「家族みんなとお出かけがしたい。ママと公園に行きたい」
「いつも、ひとりぼっちか、後回しにされる」
「多少の体調不良では放って置かれる。母に甘えたくても次にされて相手にされない」

「お風呂に入っているときでも寝ているときでも、弟のアラームが鳴るとお母さんが飛び出して行くから、落ち着いて寝たりお風呂に入ったりできない」

「ママはいつも訪問看護の終了時間を気にしている」

「お出かけの約束をしても何度も破られる」

「きょうだいの障がいを友だちにバカにされる」

きょうだいに病気や障がいなどがあると、どうしても親の目は病気の子どものほうに向いてしまい、きょうだい児は孤独を感じることが多くなります。また、幼少期から親がきょうだいの世話で苦労しているのを見て育つため、自然と我慢したり子どもらしい感情を抑え込んでしまったりすることもあります。

また、近年では、本来大人が担うべき家族の世話などを子どもが行うヤングケアラーも大きな社会問題になっています。医療的ケア児のきょうだいも、周囲が適切に関わらなければヤングケアラーになってしまうリスクをはらんでいるのです。ですから私たちのようなセンターでは、親はもちろんきょうだい児も含めてサポートすることが求められているのです。

このように多機能型児童発達支援センターでは、医療的ケア児本人だけではなく子どもの親やきょうだいにも寄り添う姿勢が強く求められます。センターが地域とのハブの役割を果たすことで、家族が社会から切り離されることなく適切なサポートを受けられるようになるからです。そうしてこそ医療的ケア児本人も、安心して地域で暮らし続けていくことができるのです。

第6章

医療的ケア児の居場所を提供し続ける――

安心して子どもが生活できる地域医療の確立を目指して

医療的ケア児の成長を手助けし、家族の時間をつくる

私が多機能型児童発達支援センターを作ってから、丸1年が経過しました。この間、少しずつ地域にセンターのことを知ってもらう機会が増えて、利用者も徐々に増えてきました。しかし、私の挑戦はこれからが本番です。医療的ケア児に場所を提供し続け、安心して子どもたちが地域で生活できるような医療体制を作るためには、まだまだやらなければならないことが山ほどあるからです。

こども病院のＰＩＣＵで働いていたときも昼夜を問わず治療に走り回っていましたが、当時と今を比べると今のほうがはるかに多忙な毎日を過ごしています。こども病院時代はどれほど忙しいとしても、シフト制だったので自分の勤務時間以外は休むことができました。今は、クリニックの診療からセンターの運営、行政との連携、経営面の仕事、事務仕事などやることが山積しているので、毎日が嵐のように過ぎていきます。

しかし、それでもやりがいは十分にあります。医療的ケア児の家族からは、私のセンターがあってよかったと喜んでもらうことができますし、何よりも子どもたちにベストなリハビリや療育環境を提供し、それぞれの成長を手助けできる喜びもあります。

医療的ケア児の親たちのなかには、私のセンターを利用しながら仕事を継続できた人もいま

す。あるいはきょうだい児とゆっくり向き合う時間を作れたり、自分の趣味などの時間を作ることができたり、完全ではないかもしれませんが再び親の人生を生きることができるようになりました。

医療的ケア児は無限の可能性を秘めた存在

また、子どもたちの成長も目覚ましいものがあります。毎日通ってリハビリを受けることで、おもちゃに興味をもつようになったり他者と交われるようになったりするなど、その子なりに大きく伸びていることが分かります。ここでのリハビリを経て子どもたちが成長している様子を見て、こども病院で長年勤めたベテラン理学療法士も、外来で月に数回リハビリを受けているだけよりはるかに大きな成長を見せているとお墨付きをくれました。

子どもたちの成長を間近に見るなかで、医療的ケア児は何もできない子どもなどではなく、大きな可能性を秘めた存在なのだということを私自身が痛感しています。だからこそ、そのような子どもをサポートできるセンターの仕事はやりがいこそあっても苦労などみじんも感じることがないのです。

また、私自身も子どもたちを毎日見ることができるため、小さな変化にも気づくことができます。病院の外来で働いているときは、子どもたちとは具合が悪くなって入院してきたときに接しているので、そのときの状態だけでさまざまな判断をしなければなりませんでした。

しかし、センターで毎日子どもたちと触れ合い、生活の場での様子を知ることができるのは医師としても実りがあります。また、普段の状態を知ったうえで病院側へ情報提供することもできるため、情報の精度も自ずと高いものになるのです。

このように、センターでの取り組みは必ずしも数値やデータで表すことができるものではありませんが、医療的ケア児が安心して地域で過ごすために、非常に価値のある取り組みであることは間違いありません。

いつかは医療的ケア児や障がいのある子ども、健常児がごちゃまぜに過ごせる場所を

2023年4月にセンターをオープンしてからの1年間は、なんとかセンターを軌道に乗せることで精いっぱいでした。なんとかセンターの運営はめどが立ったので、これからさらにやりたいことの一つは健常児と障がいのある子ども、医療的ケア児などが障がいの有無や病気の有無などで区別されることなく、皆ごちゃまぜになって楽しく遊べるような場所を作りたいということです。

障がいがあってもなくても、医療的ケア児であってもなくても、どの子も同じようにごちゃまぜに遊んで友達になって、分け隔てなく子どもらしい時間を過ごすことができる場所を作る

ことは、私の長年の夢でもあります。こうした場所を作ることで、障がいのある子どもにとっては差別されずに過ごすことができますし、健常児にとっても異なる世界を知って成長する重要なきっかけになると確信しているからです。

例えば身近に医療的ケアが必要な子どもや障がいのある子どもがまったくいない人が、突然、重症心身障がい児や先天性の疾患や障がいのある子どもを見たときに、どう感じるかという問題があります。そうした子どもたちは健常児とは見た目にも違いがあるため、初めて見た子どもは恐怖を感じたりかわいそうと思ったりするなど、強いショックを受けるに違いありません。また、そのように感じなかったとしてもどのように対応すればよいか戸惑うことがあると思います。

これらは普通の感情であって、おかしい反応ではありません。私自身、医師になって初めてこうした子どもたちに接したときは非常に戸惑ったからです。これは、ごく自然な感情だと思います。

ごちゃまぜの場所を通して未来に種をまきたい

子どもは思ったことを素直に態度や口に出しますし、そこには必ずしも悪意はありません。医療的ケア児や障がいとは違いますが、例えば道を歩いていて腰が曲がった高齢者がいたり、杖をついていたり、あるいは親戚のおじいさんやおばあさんが入れ歯を外したりするところを子どもが見たとします。

それらも子どもにとっては不思議なことで、初めてそうした場面を見たときは母や父など周囲の大人にどうしてあの人の腰は曲がっているのか、歯が外れるのかと疑問をぶつけると思います。しかし、大人から説明してもらったり、成長していくなかで何度もそうした人たちに出会ったりすることで、やがては当然の現象として受け入れていきます。同時に、そのように自分とは異なる人に出会っても、ごく普通に接するようになるはずです。

私は、医療的ケア児や障がいのある子どもに対してもこのような社会になってほしいと願っています。世の中には生まれつき背骨や手足の骨が変形している人もいれば、機械の力を使って呼吸をする人もいます。子どもの頃からずっと車椅子で生活している人もいれば、言葉を話せない子どもだっているのです。それぞれにそのようになった理由があり、彼らは特別な存在でもなければ恐ろしがる対象でもありません。自分たちと同じ存在であることを、子どもたちには知ってほしいのです。

小さい頃からそのようにして育った子どもたちは、成長してからきっと今の大人たちとは違った視点で医療のことや障がい福祉のことを見るようになるに違いありません。きっと彼らは、今の私たちよりももっと良い、地域の隅々にまで障がい福祉の考えが根付いた社会を作ってくれるはずです。私は子どもたちがごちゃまぜに過ごす場所の提供を通して、未来にそのような種をまきたいと願っているのです。

障がい児を分離する特別支援教育に国連が中止を勧告

障がいがあってもなくても、すべての子どもが共に学ぶことを「インクルーシブ教育」と呼びます。実は日本は、諸外国から比べてこのインクルーシブ教育が極めて遅れているのです。インクルーシブ教育とは、障がいだけでなく国籍や人種、宗教、性別、経済状況などのさまざまな状況に限らず、すべての子どもが地域の学校へ通うことを保障するために教育を改革するプロセスとされています。

諸外国ではこのような考え方が早くから浸透し、子どもたちは国籍や人種、経済状況、障がいの有無にかかわらず、地域の学校へ通って教育を受ける機会が与えられているのです。

これに対して日本は、特に障がいのある子どもが教育を受けられるようにする環境整備が極めて遅れています。そのため2022年には、国際連合が日本政府に「障害児を分離した特別支援教育の中止」を要請し、インクルーシブ教育に向けた行動計画の策定を求める事態になりました。

日本では障がいがある子どもは、通常学級か特別支援学級、特別支援学校のいずれかで学びます。特別支援学校とは、一つの学校として独立した学校で、ここでは障がいがある子どもだけが学びます。そのため、特別支援学校に通う子どもは健常児と触れ合う機会がほとんどありません。これに対して特別支援学級は、通常の小学校や中学校のなかの一つのクラスとなっています。そのため特別支援学級では、体育や芸術など一部の授業については健常児と一緒に学ぶこともできます。

日本ではこれまで、障がいのある子どもに対しては特別支援教育として健常児と分けて行う教育制度を進めてきました。これはこれで意味や目的があってのことだったのだとは思いますが、インクルーシブ教育とは相反するとして国連から中止勧告を受けることになってしまったのです。

日本のような特別支援教育と国連が推奨するインクルーシブ教育のどちらが良いのかはさまざまな意見があると思います。しかし時代は今、共生社会を大切にしています。共生社会とは、病気や障がいなどを理由にこれまで必ずしも十分に社会参加ができなかったような人たちが参加できる、全員参加型の社会のことを指しています。誰もが互いに尊重し合って支え合い、多様なあり方を認めていくことが考え方の根本にあるのです。

子どもの頃から触れ合うことで、今とは違う視点で福祉を見られる大人になる

共生社会を実現するためには、子どもの頃から当たり前のこととして、日常のなかで障がい

のある子どもと触れ合いながら育つことが欠かせません。私が目指しているのはまさにこうしたことです。

2016年には神奈川県の障がい者支援施設で、元職員だった男性が多数の入所者を刃物で襲って命を奪うという凄惨な事件が起こりました。このような事件も、背景には障がいのある人に対する根強い偏見や差別意識があり、こうした感情が引き金になっていると考えられます。だからこそ偏見や差別をもたない子どもの頃から、障がいのある子どももそうでない子どもも等しく交わり、互いを理解し合うことが必要なのです。

もちろん、ごちゃまぜに触れ合うといっても、そこには一定の配慮は必要です。医療的ケア児のなかには医療機器とつながっていなければ生命を維持できない子どももいますから、走り回る健常児たちと何の配慮もなく同じ空間で過ごすことはリスクがあります。

そうだとしても、例えば1日のうちの1時間でも2時間でもいいから、毎日一緒に集まって何かをする時間を設けるだけでもまったく違います。そのように子どもの頃から「障がいのある人がいることが当たり前」という環境で育った子どもたちが大人になったら、きっと今の大人とは違う目で福祉について考えられるようになると思うのです。

今は、障がいのある子どもとそうでない子どもが完全に分離されていて、互いの存在が目に触れる機会はなかなかありません。そのようなままで大人になってから初めて障がいのある人に接するのでは、どうしても深い理解ができないこともあるのではないかと危惧しています。

親が何よりも願うのは「当たり前の経験」ができること

また、障がいのある子どもとそうでない子どもを一緒に保育するということは、病気や障がいのある子どもを育てる親たちの願いをかなえることにもつながります。医療的ケア児を育てる親が何よりも願っていることは、子どもであればごく当たり前のことを我が子に経験させるということです。

公園に行って砂遊びをしたり、ブランコに乗ったり、すべり台に乗ったりして遊ぶこともそうです。休みの日には家族で水族館や遊園地に行ったり、ファストフード店に行って皆でハンバーガーを食べたりすることもそうです。あるいは周囲の視線も我が子の危険も何も気にせずに、近所を思う存分散歩することだって大きな喜びになります。

このように、誰もが日常的にごく当たり前のこととして行っていることを我が子にさせてあげたいと思うのが医療的ケア児の親心なのです。なぜなら、これらの多くの事柄が医療的ケア児には味わうことが難しいからです。

そして、医療的ケア児の親たちがかなえたいという当たり前のことの一つが、子どもを同じ年齢の子どもたちと一緒に過ごさせたい、集団保育を受けたいという願いです。皆で集まってお遊戯をしたり歌を歌ったり、先生のピアノに合わせて踊ることもあるかもしれません。こうしたことは、子ども時代に誰もが保育所や幼稚園で経験してきたことです。しかし、医療的ケア児はこのどれも経験することができません。多くの医療的ケア児が、自宅で接する人間といえば家族と訪問看護師などの医療関係者だけで、行ける場所も少なく自宅と病院の往復だけというケースも少なくないからです。

だからこそ私は、保育所をセンターに併設するなどのなんらかの方法で、いつかはごちゃまぜで子どもたちが過ごせるような場所を作ってあげたいと切に願っています。それだけのことであったとしても、医療的ケア児の家族には大きな喜びにつながると思っているのです。

病児保育を作って働く親も支えたい

障がいの有無にかかわらずごちゃまぜに過ごせる場所を作るために、まずは保育所を作りたいと私は考えています。それと同時に、病児保育を作ることも目標です。

私はセンターを運営しながらクリニックを併設して診療をしていますが、そこで感じたことは働く親にとって病児保育がどれほど必要かということです。今、保育所や幼稚園は少しでも熱が出たり湿疹が出たり、蕁麻疹《じんましん》が出たりするとすぐに親に電話をします。そして保育所から電話がかかってくると、親はどれほど忙しくても重要な仕事をしていても、すべてを放り出して急いで保育所へお迎えに行って、その足で病院を受診しなければなりません。

しかし、これは私から見れば非常に無駄なことだと感じています。子どもが少し熱を出すことなどごく当たり前のことですし、様子を見ている間に平熱に戻って元気になることも珍しくありません。それにもかかわらず、微熱でもすぐに親を呼び出して病院を受診させることは、親が社会復帰する際の大きな妨げになっていると感じています。

ですから、将来的には保育所を作り、そこに病児保育を併設したいと考えています。そうすれば熱が出ても私がすぐに診察できるので、少々のことでは親を呼び出さなくても預かることができます。これは仕事をしている両親にとって、大きな助けになるはずだと考えています。

ただ、これに関しても道のりは平坦《へいたん》ではありません。なぜなら保育所を作るには自治体の許認可が必要ですが、これを取得することが簡単ではないからです。もともと各自治体では、子どもの人数に対して保育所の必要枠の上限が決められています。

しかし、ここ十数年で待機児童をゼロにするために多くの法人に保育所開設の認可を与えてしまったため、現在、私のセンターがある地域では保育所の枠自体が飽和状態で新規の開設が極めて厳しい状態なのです。これについては行政とも話し合いを重ねていますが、なかなか良い解決策が見いだせない状態です。

仮に自治体の認可を受けずに無認可で保育所などを開くとすると、今度は補助金が下りないことになります。もともと多機能型児童発達支援センター自体も利益を生み出すことが難しい取り組みであることに加えて、補助金もなしに病児保育などを作ってしまったら運営が成り立たないことになってしまいます。そのため、なかなか思うように保育所の開設が進まないのが現状なのです。

実態にそぐわない制度を変えるための情報発信も必要に

医療的ケア児が安心して地域で過ごせるための取り組みは、まだまだ道半ばで課題は山積みです。一つには、私たちの取り組みや考え方に共感してくれる仲間をもっと増やしていかなければなりません。全国の医療的ケア児とその家族を支えるためには、私たちだけが努力しても十分ではなく、各地にこうした施設ができることが望ましいからです。

このように考え、私のセンターのような場所が全国に広がってほしいと願って情報発信を続けています。ですから見学は積極的に受け入れていて、医療的ケア児の保護者や医療・福祉分野の関係者が遠方からも見学にやって来ます。小児在宅診療の草分け的な存在の法人からは、静岡支部の医師が見学に来てさまざまに意見交換もしました。

しかし、こうしたときに、業界や事情を知っている人たちから一様に言われることは「いったいどうやって経営しているのですか」ということです。事情を知っている人たちからすれば、このようなセンターで利益が出ないことなど分かっているからです。

現状では、児童発達支援や放課後等デイサービスは小規模な事業所のほうが収益が出る仕組みになっているため、私のような大規模なセンターはほとんど収益を上げることができません。

初めからそのことは分かっていたので、私はクリニックを併設し、クリニックの収益でセンターの運用費を賄うようにしました。

これはいわば、苦肉の策であり、本来のあり方ではないと私は考えています。センターはセンターとして、しっかり運用できるような制度設計でなければならないと考えるからです。そうでなければ、私のあとに続いてくれる仲間たちが増えることは難しいとも感じています。

センター化することのメリットは非常に大きく、1人や2人ではなく多くの医療的ケア児を受け入れることが可能になります。また、人材育成の面でもセンター化したほうがはるかにメリットはあります。医療的ケア児のケアやリハビリ、保育ができる人材は多くはなく、医療的ケア児の対応に慣れた人材を育成する必要があります。

その点、センター化して人材を集約すれば、そこで教育や研修などを行い、医療的ケア児に対応できる人材を育成できるのです。人材を育成していけば、やがては私のセンターだけではなく各地で医療的ケア児の受け皿が増えていくことにもつながります。

このように大規模でセンター化することのメリットをすべて無視して単価を引き下げるというのは、医療的ケア児が増えてきた昨今の障がい福祉のあり方として適切とはいえません。

こうした制度の矛盾についても、現場からしっかり情報発信をしていくことが必要です。医療的ケア児の実態については知られていないことが多く、現場からしっかり情報発信をしていくことが必要です。医療的ケア児の受け皿である私たちのようなセンターがどのような現状にあるのかも、行政をはじめとして知られていないことだらけだからです。私一人だけでは行政を動かすことはできませんが、それでも実情を伝え続けていくことで、いつしか社会全体が変わっていく小さなきっかけを作ることができるかもしれないと思うからです。

誰もが安心して子どもを産み、育てられる社会を目指して

医療的ケア児が安心して地域で過ごせるために、私はまだまだ走り続けなければなりません。医療的ケア児とその家族が、子どもならば当たり前の経験をして当たり前の喜びを享受できることが私の最終的な願いだからです。

そのためには、医療的ケア児の親たち、特にケアにあたっている母親たちが社会参加できるようにサポートしなければなりません。医療的ケア児を育てる母親は、仕事を辞めるのが当然などという時代は終わりました。医療的ケア児を育てながらでも、母親が希望すれば社会参加ができるように皆で支えていかなければなりません。

きょうだい児の問題も、社会全体で考えていくべき課題です。親の負担を軽減することで、親がきょうだい児と向き合う余裕を生み出さなければなりません。また、今はヤングケアラーなどが社会問題となるなかで、きょうだい児に負担がかかることはなんとしても避けなければならないと思います。

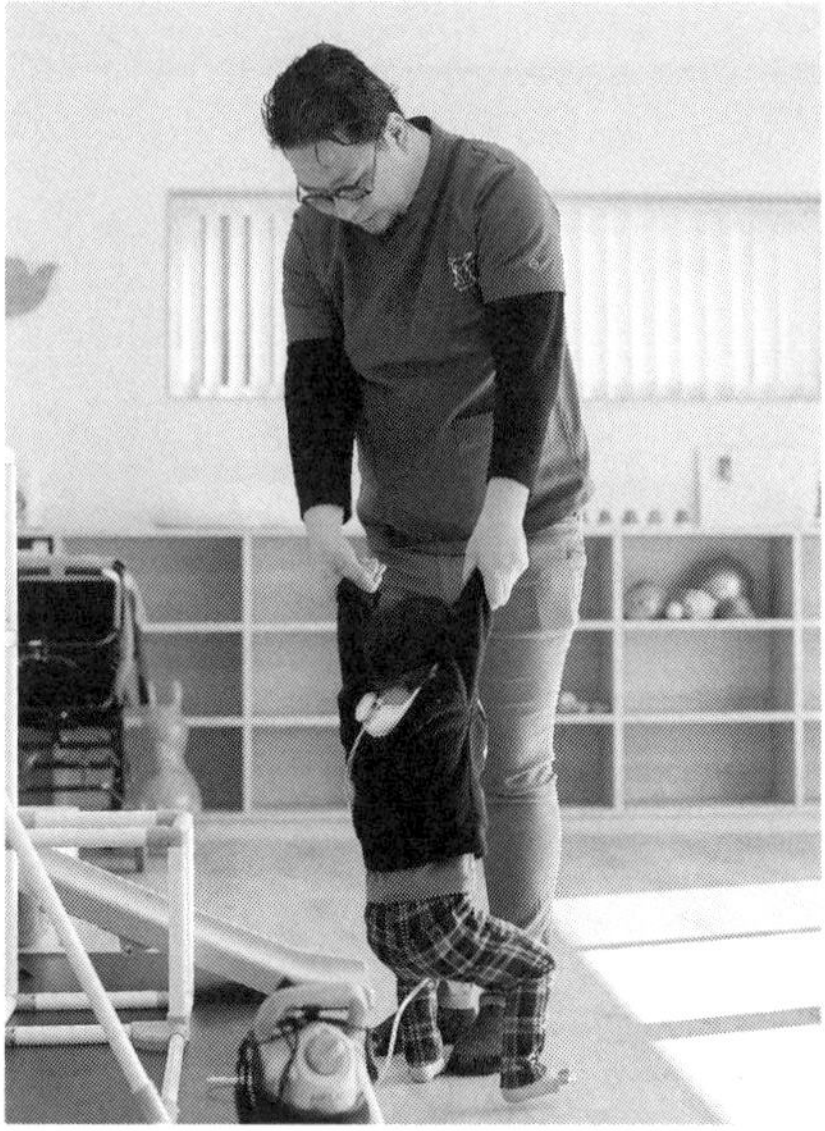
これからも子どもたちを支え続けていく

移行医療という課題もあります。医療的ケア「児」という言葉からも分かるように、この問題は子どもに関する問題としてとらえられています。しかし医療が進歩すると、かつては短命だった医療的ケア児が無事に成長できるケースが増えてきて、医療的ケア児が大人になって地域で暮らしていくことも考えていかなければならないからです。

一般的には小児医療というと15歳までの子どもが対象で、長くても18歳までを対象とすることが普通です。その場合、医療的ケア児が15歳や18歳になったときに、スムーズに成人を見るほかの診療科の医師と連携できるかは大きな問題です。

ほかにも課題は多くあります。一つには、特別支援学校などを卒業した元医療的ケア児が卒業後、どこに行けばよいか分からないという問題です。医療的ケア児が成人する頃には、親は高齢になってきてそれまでのように子どもを支えることができなくなることも考えられます。

そのときに、いったい誰がかつての医療的ケア児を支えるのか、現状では明確な答えはないのです。通所の施設にしてもグループホームなどの入所施設にしても、医療的ケアが必要な人を受け入れることができる施設はほとんどないからです。

このように考えていくと、私の挑戦はいまだ終わりは見えません。しかし、まずはもっと仲間を増やし、私のところのようなセンターが全国各地にできればよいと思っています。そのためにまずは多機能型児童発達支援センターを軌道に乗せて、次に障がいがある子どももない子どもも一緒に過ごせる保育所、そして働く親をサポートするための病児保育を作る。ここまで完成してから、やっと私なりの地域作りは完結するのです。

おわりに

2023年4月に、長年の夢だった多機能型児童発達支援センターをオープンさせることができてから丸1年が経過しました。この間、数えきれないほどの子どもたちの元気な声や笑顔に囲まれて、慌ただしくも充実した日々を過ごすことができています。

7月には子どもたちと七夕飾りをし、私自身が焼きそばの屋台を出した夏祭りでは、きょうだい児も含めてたくさんの子どもたちに楽しんでもらいました。秋には近くの公園まで親子遠足に出かけて、子どもたちは親や職員と一緒になって秋を探して喜びました。そしてセンターができてから初めてのクリスマスでは、私がサンタ役、事務長や看護師長がトナカイに扮して、子どもたちと盛大にクリスマス会を催すこともできたのです。こうしたことは、忙しい日々のなかでもホッと一息つける、私にとっても大切な時間になっています。

オープンさせるまではいったいどうなることかとハラハラすることもありましたし、オープンしてからも課題は目の前に山積しています。それでも、毎日子どもたちの成長を間近で見ることは大きな喜びであり、やりがいにもつながります。

周囲の物に何も反応を示さなかった子どもがおもちゃに手を伸ばすようになったり、一切口から食べられなかった子どもがご飯に興味をもつようになったり、すぐにパニックになったり攻撃的になったりしていた子どもが落ち着いていったりする様子を見るにつれて、子どものもつ無限大の可能性に改めて驚かされている毎日です。

本の出版にあたり、編集者から「親御さんたちからどのような感謝の声が寄せられているか教えてください」と言われて、振り返ってみました。もちろん、たくさんの「ありがとう」という声を聞かせてもらって励まされています。しかし、その一方で、私自身はそれほど特別なことをしているという自覚もないのです。

私のセンター自体は全国的に見ても極めて珍しいものであることに間違いはないのですが、通ってくる子どもたちや保護者たちは、もしかしたらそのようなことはあまり意識していないかもしれません。しかし、それでよいのです。

私が何よりもやりたいことは、医療的ケア児やその家族が当たり前のことを当たり前のように経験できるようになることだからです。ですから、もしも利用者の家族がごく当然のこととして私のセンターを利用してくれるのならば、私はそれが満足です。

多くの人の協力を得て、なんとか目指していた多機能型児童発達支援センターを作り上げることができました。しかしこれは、まだまだ第一歩にすぎないとも感じています。医療的ケア児とその家族が安心して地域で暮らせるようにすることは、言い換えれば誰もが安心して出産や育児ができる社会を作ることでもあります。本書を読んで、一人でも多くの人が医療的ケア児の問題に興味をもってくれれば、著者としてこれ以上うれしいことはありません。

クリニックおよび多機能型児童発達支援センターの開設にあたり、多大なご協力・ご助言をいただいた皆様に感謝の意を表します。静岡県立こども病院、イキイキジャパンホールディングス株式会社、株式会社創造舎、宇田川エフピー事務所、株式会社スズケン静岡支店、静岡銀行呉服町支店、清水銀行草薙支店、そしてその他名前を挙げられなかった人たち、クリニックとセンターのスタッフにも感謝の気持ちを忘れずに一層の努力を重ねて参ります。

最後に、私を理解して協力してくれた家族がいなければ前に進めませんでした。本当にありがとう。これからも一緒にみんなで前に進んでいこう。